Mindful opvoeden in
een druk bestaan

Meld je aan voor onze nieuwsbrief om op de hoogte te blijven van de nieuwste boeken van Ambo|Anthos uitgevers via www.amboanthos.nl/nieuwsbrief.

Susan Bögels

Mindful opvoeden in een druk bestaan

Ambo|Anthos
Amsterdam

De geleide meditaties zijn te beluisteren op www.amboanthos.nl/mindfulopvoeden. De nummers in de tekst corresponderen met de genummerde meditatieoefeningen.

ISBN 978 90 263 3756 7
© 2017 Susan Bögels
Omslagontwerp en -illustratie Lennart Wolfert
Foto auteur © Moon Jansen Photography

Verspreiding voor België:
Veen Bosch & Keuning uitgevers nv, Antwerpen

Inhoud

Voorwoord 9

1 Aandachtig ouderschap. Er zonder (voor)oordeel bij zijn 19
2 Je eigen ouder zijn. Zelfzorg en compassie 39
3 Ouderlijke stress. Van overleven naar ademruimte 59
4 Ouderlijke verwachtingen en de ware aard van het kind 73
5 Ruzie en reparatie. Verdiepen van de band 87
6 Samen ouder zijn in goede en slechte tijden 107
7 Grenzen stellen. Waar ik ophoud en jij begint 119
8 Schuld en schaamte. Vergeven, verbinden, verontschuldigen 135
9 Liefde maakt blind. Ontkenning en acceptatie 147
10 Schema's. Herbeleven van je eigen kindertijd 161
11 Een leven lang ouder zijn 177

Verantwoording 185
Dankwoord 187
Noten 189

When a flower does not bloom, you fix the environment in which it grows, not the flower.

Alexander den Heijer

Voorwoord

Mijn moeder werkte meer dan fulltime toen wij opgroeiden, wat in die tijd heel bijzonder was in Nederland, toen vrouwen nog ontslagen werden 'wegens huwelijk'. Ze was kunstenaar en modeontwerpster, en zeer bevlogen in haar vak. Daarnaast had ze een rijk sociaal leven en vele hobby's. Als wij thuiskwamen van school, zat er nooit een moeder met de thee klaar zoals bij andere gezinnen, maar een oppas. Iedereen die overdag belde voor mijn moeder (en dat waren er velen) vroegen we om na zes uur terug te bellen, want dan was ze thuis aan het koken. Dat wij met onze verhalen over school moesten wachten tot mijn moeder thuis was, stoorde me als kind geenszins. Ik vroeg me alleen af waarom mijn moeder hollend aankwam na een dag werken, en waarom de aardappels doorgaans ofwel ongaar ofwel verbrand waren.

Als ouder worstelde en worstel ik met dezelfde dubbele agenda, mijn bevlogenheid voor mijn vak en mijn wens om bij mijn kinderen te zijn, fysiek en mentaal. Toen ik in opleiding tot psychotherapeut was en het mijn beurt was om de groep te vertellen over mijn gezin van herkomst, zwanger van mijn eerste kind, reageerde men daarna met: 'Jij gaat het nu vast anders doen dan jouw moeder!' Dat verbaasde me, want ik wilde juist in de voetsporen van mijn moeder treden: werk, kinderen, sociaal leven, hobby's, een intens leven, of zoals Jon Kabat-Zinn, de grondlegger van mindfulness in de westerse wereld, het zo mooi noemt: *Full catastrophe living!*[1]

Toen ik daarmiddenin zat, met jonge kinderen en een beginnende loopbaan, ontdekte ik meditatie. Ik mediteerde in bad, zodat ik toch twee dingen tegelijk gedaan had. Of ik deed yoga, omdat ik dan meteen mijn sportuurtje kon afvinken. Ik vond het moeilijk momenten voor mezelf te nemen van niet-doen, van zitten op mijn kussen, alleen maar voelen van het lichaam, kijken naar wat de geest doet, luisteren naar de stilte, aanwezig zijn in het moment. Datzelfde niet-doen leek veel makkelijker in het gezinsleven: simpelweg zijn met de kinderen, naar ze kijken en luisteren, ze voelen, me verwonderen, nergens anders hoeven zijn dan waar ik was: bij hen. Maar de noeste arbeid van zitten op mijn kussen, bewust van wat er dan met je aandacht gebeurt, terwijl er nog zoveel moet gebeuren en er zoveel interessantere dingen lijken te zijn om de aandacht op te richten dan de eigen geest en het eigen lichaam, heeft me bewuster gemaakt van het ouderschap, van mijn kinderen, en van de kostbare tijd die we samen hebben.

Wat wordt bedoeld met mindful opvoeden? Laten we eerst kijken naar wat we verstaan onder *opvoeden*. Ik vond uit 1908 de volgende definitie:[2] 'Een levend wezen voedsel en onderhoud verschaffen en tot ontwikkeling brengen. Bij *grootbrengen*, dat de meest algemeene beteekenis heeft, denkt men vooral aan de lichamelijke ontwikkeling; vaak staat de gedachte op den voorgrond, dat het grootbrengen moeite en zorg veroorzaakt. *Opfokken* wordt uitsluitend van dieren gezegd, en beteekent met veel zorg en moeite een jong dier tot ontwikkeling brengen. *Opkweeken* zegt 't zelfde, maar in nog sterkere mate, en wordt zoowel van planten, kinderen of herstellenden, als van dieren gezegd. *Opvoeden*, eigenlijk voedsel en onderhoud verschaffen, is thans bijna uitsluitend in gebruik met de beteekenis vormen en ontwikkelen; men heeft *lichamelijke* en *geestelijke opvoeding*; opvoeden tot een nuttig lid der maatschappij.'

Opmerkelijk aan deze definitie is dat er blijkbaar een verschuiving is geweest van het verschaffen van voedsel en onderhoud naar vorming en ontwikkeling. Ook vind ik de opmerking interessant dat het grootbrengen *moeite en zorgen* veroorzaakt, iets wat ouders tegenwoordig vooral bij de geestelijke opvoeding van hun kind ervaren, hoewel we natuurlijk ook zorgen en moeite kunnen ervaren bij de lichamelijke opvoeding: de eerste pogingen om borstvoeding aan onze baby te geven, hoe we onze kinderen gezond kunnen laten eten en leven in deze tijd van fastfood, schermgebruik, toenemende luchtvervuiling, alcohol en drugs, hun lichamelijke veiligheid, en over het onderhoud van onze kinderen, bijvoorbeeld hoe we hun studie bekostigen.

Maar de geestelijke opvoeding, de 'vorming en ontwikkeling van onze kinderen tot nuttige leden van de maatschappij', veroorzaakt zorgen en moeite, ofwel: opvoedingsstress. De hedendaagse stress of onze kinderen nuttige leden van de maatschappij zullen worden, bestaat uit vele vragen in het hoofd van ons opvoeders: Zullen ze goed genoeg terechtkomen? Is hun school goed genoeg? Hebben ze de juiste vrienden? Krijgen ze een goede opleiding? Zullen ze een vaste baan vinden op hun eigen niveau? Gaan ze genoeg verdienen? Opvoedingsstress ontstaat ook door de combinatie van taken die ouders moeten vervullen: naast de ontwikkeling van hun kinderen betreft dat hun eigen werk, opleiding en ontwikkeling, zorg voor het huis, (mantel)zorg voor anderen et cetera. Er zijn nog veel meer factoren die bijdragen aan opvoedingsstress, zoals specifieke gevoeligheden, eigenschappen of gedragingen van kinderen (een huilbaby, een kind dat veel ongelukken maakt en krijgt omdat het nergens gevaar in ziet, een puber die zich volstrekt isoleert et cetera), die soms weer gevoeligheden van ouders triggeren. Opvoedingsstress kan onze blik op onze kinderen vernauwen, kan het plezier in de opvoeding vergallen, onze opvoeding beperken en ons tot impulsieve, onvoorspelbare, en zelfs agressieve en beangstigende opvoeders maken. Opvoedingsstress bepaalt het gezinsklimaat, en zal ook het stresssysteem van het kind vanaf de babytijd beïnvloeden. Opvoeden wordt dus vooral gezien als de vorming en ontwikkeling van kinderen, en die vorming en ontwikkeling kan opvoedingsstress veroorzaken.

Wat is 'mindful opvoeden'? Jon Kabat-Zinn definieerde 'mindfulness' als volgt: 'Mindfulness is het op een speciale manier de aandacht richten: bewust, op het huidige moment, en zonder oordeel.' Hij ontwikkelde de Mindfulness-based Stress Reduction Training, waarmee mensen hun stress in korte tijd aanzienlijk konden verminderen, en hun levenskwaliteit verbeteren. Jon en zijn vrouw Myla Kabat-Zinn, gaven in 1998 het boek *Everyday Blessings: The Inner Work of Mindful Parenting* uit, voor zover ik weet de eerste keer dat de term 'mindful parenting' werd gebruikt.[3]

Zij ontwikkelden de volgende definitie voor ons toen Kathleen Restifo en ik het boek *Mindful Parenting: A Guide for Mental Health Practitioners* schreven.[4]

Mindful parenting is het voortdurende proces van bewuste, hier-en-nu, en onbevooroordeelde aandacht brengen, zo goed als mogelijk, naar onze doorleefde ervaring, ook van het opvoeden. Het groeit om te omvatten: (1) de unieke aard, temperament en behoeften van elk kind te herkennen en in gedachten te houden; (2) het vermogen te ontwikkelen om met volle aandacht te luisteren in interactie met onze kinderen; (3) met vriendelijkheid en sensitiviteit in bewustzijn houden, in welke mate maar mogelijk, van de gevoelens, gedachten, intenties, verwachtingen en verlangens van ons kind en van onszelf; (4) grotere compassie en niet-oordelende acceptatie brengen naar onszelf en onze kinderen; (5) herkennen van onze eigen reactieve impulsen in relatie tot onze kinderen en hun gedrag.[5]

Ik kwam zelf bij mindful opvoeden uit door de combinatie van mijn wetenschappelijke en klinische werk en mijn persoonlijke leven. Als wetenschappelijk onderzoeker bestudeer ik al meer dan 25 jaar de rol van aandacht bij bepaalde problemen, zoals sociale angst en blozen.[6] Wanneer we ons gespannen of verlegen voelen in een sociale situatie, bijvoorbeeld omdat we staan te praten met iemand die we aantrekkelijk vinden of die we professioneel bewonderen, dan hebben we de neiging onszelf te zien door de ogen van die ander, en te bedenken wat die ander van ons zal denken. Op dat moment houden we de aandacht dus niet meer bij dit moment, de interactie, maar zijn we in onze verhalen over onszelf terechtgekomen; en als die negatief zijn (en juist dat negatieve denken trekt onze aandacht) verhoogt dat onze spanning of verlegenheid. We zijn dan in een toestand van verhoogde zelfgerichte aandacht. Die zelfgerichte aandacht maakt ook dat we gaan blozen, en ons zorgen maken over wat die ander daarvan zal denken. Met mijn onderzoeksgroep ontwikkelde ik een therapie: taakconcentratietraining. Mensen met sociale angst en bloosangst leerden om zich er in sociale situaties bewust van te worden waar hun aandacht naartoe gaat, en de aandacht minder op zichzelf te richten, maar op hun taak en de ander, en de omgeving.

Toen wij in 1997 ons eerste internationale wetenschappelijke artikel uitbrachten over de positieve effecten van taakconcentratietraining op mensen met sociale en bloosangst,[7] werd ik gemaild door de Britse hoogleraar Experimentele Psychopathologie Isaac Marks die het artikel had gelezen en me vroeg: 'Isn't this the same as mindfulness?' Ik wist niet wat mindfulness was en wilde geen domme indruk maken op deze onderzoeker voor wiens werk ik veel respect had, dus ik ging me inlezen in de wetenschappelijke literatuur over mindfulness. Ik was gefascineerd. Ik sloot me aan bij een Vipassana-meditatiegroep en startte met dagelijks mediteren.

Ik nodigde professor Mark Williams uit, die zich gespecialiseerd had in mindfulness bij depressie, om mij en mijn universitaire collega's en collega's uit de geestelijke gezondheidszorg (ggz) hierover een training te geven. Aan deze training deden zowel collega's van de volwassen-ggz als van de kinder- en jeugd-ggz mee, beide geacademiseerde afdelingen waar we onderzoek deden naar effecten van behandeling. Op de volwassen ggz-afdeling startten we, zoals mijn plan was, met onderzoek naar mindfulness bij sociale angst, maar op de kinder- en jeugd-ggz-afdeling was men na de training ook geïnteresseerd om 'iets met mindfulness te gaan doen'.

Ik besloot een pilotstudie op te zetten naar mindfulness voor jongeren met psychopathologie waarbij aandachtsprocessen een rol spelen: ADHD, autisme en gedragsstoornissen. Omdat deze jongeren meestal nog thuis wonen bij hun ouders, vonden we het belangrijk dat de ouders ook de beginselen van mindfulness leerden, en boden we hen een verplichte parallelle cursus 'mindful parenting' aan.

Deze gecombineerde aanpak van mindfulness voor de jongeren en mindful parenting voor hun ouders verminderde de psychopathologie van de jongeren en verbeterde hun aandachtscontrole.[8] De ouders gaven zeer grote verbeteringen aan op de doelen die ze voorafgaand aan de mindful-parentingtraining geformuleerd hadden. Het ging zowel om hun doelen wat betreft de opvoeding van hun kind (bijvoorbeeld: 'In staat zijn om grenzen te stellen aan mijn kind') als doelen voor hun eigen leven (bijvoorbeeld: 'Beter slapen'). Veel ouders verzuchtten na de training: 'Had ik deze training maar eerder gehad, zodat de problemen niet zo uit de hand waren gelopen.' Ook wilden we de training aanbieden aan ouders wier kind niet aan een mindfulnesstraining mee wilde of kon doen.

Daarom ontwikkelden we de mindful-parentingtraining door als een 'stand alone'-groepstraining voor ouders. Met mindfulnesstrainer Joke Hellemans gaf ik in 2008 de eerste training in deze vorm aan ouders. De deelnemers waren ouders die naar ons academisch behandelcentrum UvA minds waren verwezen vanwege problemen bij hun kind, eigen problemen die de opvoeding in de weg stonden, of problemen in de relatie met hun kind. Het kon gaan om ouders van kinderen van 0 jaar tot ouders van volwassen kinderen (want je blijft altijd ouder). Deze mindful-parentingtraining bleek bij de eerste tien groepen ouders effectief in het verminderen van ouderlijke stress, het verbeteren van ouderlijke opvoedingsvaardigheden en het verminderen van symptomen van psychopathologie (zoals angst, somberheid, aandachtsproblemen, gedragsproblemen) bij zowel de ouders als hun kinderen.[9] Uit ons vervolgonderzoek bij nog eens tien groepen ouders bleek bovendien dat hoe meer ouders waren verbeterd in hun mindful parenting, hoe meer de symptomen van psychopathologie bij hun kinderen waren afgenomen.[10] Ons recente onderzoek laat zien dat de mindful-parentingcursus ook effectief is voor ouders die niet naar de ggz zijn verwezen, maar die de cursus bij hun gemeente volgen in verband met opvoedingsstress of opvoedingsvraagstukken.[11] Voor professionals schreef ik samen met Kathleen Restifo een Engelstalig boek over de inhoud van deze cursus, dat ook in het Nederlands beschikbaar is.[12] Het boek dat je nu in handen hebt is voor ouders zelf, om je te verdiepen in de theorie en praktijk van mindful opvoeden.

Dit boek vormt de weerslag van mijn ervaringen van twintig jaar werken met ouders in mindful-parentingcursussen, van wat ik geleerd heb uit het onderzoek van mijn eigen onderzoeksgroep en dat van anderen naar de rol van aandacht in de ontwikkeling en opvoeding en onderwijs van kinderen, en de rol van aandacht in het ontstaan, de instandhouding en de behandeling van allerlei vormen van psychopathologie. Daarnaast is dit boek geïnspireerd door mijn herinneringen aan hoe ik zelf ben opgevoed als kind, door de opvoeding van mijn eigen kinderen, en door mijn eigen ervaringen met meditatie en mindfulness, in mindfulnesstrainingen die ik volgde en gaf, tijdens meditatieretraites, en thuis op mijn kussen.

Het boek bestaat uit elf hoofdstukken over aspecten van mindful opvoeden. Indien je het boek als een zelfhulpcursus wilt gebruiken, zou je elke week een hoofdstuk kunnen lezen, en de daarbij behorende oefeningen die week, bijvoorbeeld dagelijks, kunnen doen. Omdat ik lezen makkelijker vind dan mediteren, had ik altijd het idee dat lezen over mindfulness hetzelfde was als het beoefenen ervan. Maar alleen door het beoefenen, in al zijn eenvoud, van de principes van mindfulness en meditatie voor jezelf, en in je leven met je kinderen, oftewel door werkelijk stil te staan bij je eigen worstelingen met opvoeden, kom je tot ervaren zienswijzen. Die eigen ervaring is essentieel, dus niet het denken over mindful opvoeden, maar het werkelijk ervaren van mindful opvoeden. Lees elk hoofdstuk mindful, dus met onbevooroordeelde, bewuste, 'hier-en-nu'-aandacht, zonder je te haasten naar het einde. Het lezen duurt zolang als het duurt.

Elk hoofdstuk eindigt met een aantal oefeningen, die je die week (en de rest van je leven) kunt doen. Bij sommige van de oefeningen is er ook auditieve begeleiding die je kunt downloaden als koper van dit boek. Het advies is om steeds notities te maken over hoe je de oefeningen die je doet hebt ervaren. Daar kun je een mooi schrift voor kopen of je computer voor gebruiken. Laat alle verwachtingen los over wat het effect van het mediteren en de andere oefeningen zou moeten zijn. Je hoeft het niet prettig te vinden, je hoeft geen bepaald resultaat te bereiken, je hoeft het alleen maar te ervaren.

Je kunt het boek dus doorwerken als zelfhulpcursus, maar je kunt het boek ook gebruiken bij het volgen van een mindful-parentingcursus in groepsverband. Op de website van academisch trainingscentrum UvA minds You (www.uvamindsyou.nl) tref je een lijst aan met geregistreerde mindful-parentingtrainers in Nederland en België. Voordelen van een cursus volgen zijn dat je je ervaringen kunt delen met andere ouders, professionele begeleiding krijgt bij het oefenen, en 'een stok achter de deur' zult ervaren bij het doen van de oefeningen.

Toen uitgeverij Ambo|Anthos me uitnodigde een boek te schrijven over mindful opvoeden voor ouders was mijn eerste gedachte: ik schrijf liever een boek over relaties, over mijn eigen worsteling met liefdesrelaties, over hoe relaties met anderen, of het nu partners of kinderen zijn, een weerspiegeling zijn van de relatie met onszelf, met het kind in ons dat gezien wil worden. Het is toch een boek over mindful opvoeden geworden. Ik hoop dat als jij, lezer en (toekomstig) ouder, stiefouder, gastouder, adoptieouder, grootouder, beroepsopvoeder, of wie dan ook die wil leren over hoe je ouders of kinderen begeleidt, aan het einde van dit boek bent, dat dat dan het belangrijkste inzicht is dat blijft hangen, dat je relatie met je omgeving een spiegel is van de relatie met je innerlijke kind, en dat dat innerlijke kind in jou zal profiteren van het lezen van het boek. Moge de relatie met je (toekomstige) kind of kinderen, partner en/of ex-partner hier ook door ontwikkelen, en mogen zij daarvan profiteren in hun ontwikkeling en hun relaties.

1 Aandachtig ouderschap.
Er zonder (voor)oordeel bij zijn

Niets blijft bij ons als we er niet werkelijk onze volledige aandacht op richten.

Onbekend

Jou de wereld laten zien, maakt mijn leven de moeite waard.

Karl Ove Knausgård, 'Brief aan een ongeboren dochter'[1]

Van al onze onbetaalde taken is ouderschap voor de meeste mensen hetgeen waar we, in ieder geval voor ons gevoel, de meeste tijd en energie in steken, waar de meeste aandacht naartoe gaat, wat ons het meest bezighoudt als het niet goed gaat, en waar we het het meest over hebben. De tijd die we met onze kinderen doorbrengen, zo blijkt uit onderzoek, neemt toe, voor beide ouders. In 1965 besteedden moeders gemiddeld 10,5 uur per week aan hun kinderen en vaders 2,6 uur per week. In 2010 was de tijd per week voor kinderen gestegen tot 13,7 uur voor moeders en 7,2 uur voor vaders.[2] Veel is het trouwens nog steeds niet; moeders 2 uur en vaders

1 uur per dag, te verdelen over de kinderen. Ondertussen is de participatie van de moeder in het arbeidsproces enorm gestegen, en die van de vader niet afgenomen, dus het is de vraag waar de ouders die extra tijd vandaan hebben gehaald (en dit kan wellicht het toegenomen aantal burn-outs onder ouders verklaren).

Tijd is een noodzakelijke, maar geen voldoende voorwaarde voor aandacht, en waar in dit soort onderzoek nooit naar gevraagd wordt is hoeveel minuten van dit uur of deze uren die de vader respectievelijk de moeder dagelijks met de kinderen doorbrengt ze nu werkelijk de aandacht bij de kinderen hadden. Je kind komt thuis van school, je vraagt hoe zijn of haar dag was, en tijdens het enthousiaste maar wat lange en gedetailleerde antwoord ben je met je aandacht afgedwaald naar je eigen agenda van die dag. Je denkt aan de mails die je nog moet beantwoorden, de boodschappen voor het avondeten, je andere kind dat je zo moet ophalen van sport. Je knikt, glimlacht, je reageert zelfs op wat je kind zegt ('Goed bezig, leuk!') maar toch heb je niet helemaal gevolgd wat er nu zo bijzonder was aan zijn of haar schooldag, en kon je niet echt delen in de blijdschap van je kind omdat je er met je aandacht niet volledig bij was. Als je geluk hebt, is je kind zelf aandachtig en niet geneigd om je te pleasen en zal het je corrigeren: 'Mama/papa, je luistert niet echt! Je lacht wel maar volgens mij heb je het niet begrepen! Ik had je toch al verteld dat... had je dat niet gehoord?'

Lienhard Valentin, een gepassioneerd auteur en uitgever van mindfulnessboeken over opvoeding,[3] nodigde me uit om een cursus over mindful parenting te geven in Duitsland, en liet me video's zien van een weeshuis in Hongarije waar ernstig getraumatiseerde baby's, die vroeg door hun ouders verlaten zijn, werden grootgebracht door verzorgers die getraind zijn in mindful met baby's omgaan.[4] De tijd die zij per kind hebben is niet meer dan in andere weeshuizen. Zij zijn echter opgeleid om op het moment dat zij een baby verschonen en voeden met hun volledige aandacht bij die baby te zijn, en andere baby's en hun gehuil te negeren.

We bekijken een interactie tussen een verzorgster en een baby met een forse ontwikkelingsachterstand vanwege vroeggeboorte en trauma, die bijna niet wakker te krijgen is en nauwelijks reageert of aangeeft wat ze wil en niet wil. De verzorgster maakt een zeer 'gecenterde' indruk: haar handelingen zijn zo kalm, liefdevol, aandachtig, vanuit een diep vertrouwen in zichzelf en in dit fragiele, kwetsbare en volledig afhankelijke mensje dat aan haar zorg is toevertrouwd. Ze maakt al haar handelingen voorspelbaar door verbale en non-verbale begeleiding, waarbij je de rug van haar hand die langs de wang van de baby strijkt bijna kunt voelen, ze kijkt en luistert met volle aandacht naar de baby, en reageert op haar kleinste signalen. Het luidkeelse gehuil van andere baby's negeert ze volledig, ze lijkt helemaal op te gaan in dit moment met deze baby.

Dezelfde verzorgster zien we daarna een wat ouder jongetje aankleden, met dezelfde onverdeelde onvoorwaardelijke en liefdevolle aandacht, opnieuw volledig opgaand in dit moment met dit kind. Ze reageert aandachtig op alle, ook niet op aankleden gerichte gedragingen van de jongen, waardoor het aankleden de tijd in beslag neemt die hij nodig heeft, want dit is zijn moment met de verzorgster. Ze biedt hem de keuze tussen twee truien, en ook hierbij geeft ze hem de ruimte, en volgt zijn proces van kiezen, hoe hij van de ene trui naar de andere wijst en er een spelletje van maakt. Als kijker voel ik geen enkele haast, de tijd lijkt stil te staan in dit intieme moment waarin verzorgster en kind samen de ervaring van aankleden meemaken. Het vertrouwen van de verzorgster is voelbaar dat het kind door hun gezamenlijke interactie en aandacht voor het moment uiteindelijk aangekleed zal zijn (en na hem nog vele anderen). Als kijker ervaar ik een diepe kalmte en stilte, terwijl andere kinderen aan het huilen zijn, zij moeten wachten. Zij weten echter dat hun moment met de verzorgster ook komt, en dat zij dan ook haar ongedeelde aandacht hebben, en troosten zichzelf. In deze korte interacties van volledige aandacht kunnen de kinderen hun trauma's helen.

Kinderen leren zichzelf kennen door aandacht, ook wel 'spiegeling' genoemd, van hun ouders en andere verzorgers.[5] Ouders imiteren de emotionele gezichtsexpressies en geluiden van hun jonge baby, zonder dat zij dat zelf doorhebben. Zij lezen zeer aandachtig de gezichtsuitdrukkingen van hun kind, volgen aandachtig de bewegingen en het gebrabbel, en proberen zo te begrijpen wat hun kind wil. Deze aandacht van ouders (en andere professionele opvoeders) voor het zich ontwikkelende kind is even belangrijk voor de overleving van het kind als voeding en zuurstof. Door deze aandacht leert het kind zichzelf te ervaren als een geïntegreerd geheel. Het leert zijn centrum te voelen, zijn zelf, van waaruit zijn interactie met de buitenwereld ontstaat, en waarnaar hij kan terugkeren wanneer hij verzadigd is van nieuwe indrukken, of wanneer er geen tijd voor hem is (zoals voor de baby's in het weeshuis). Dus als ik hier spreek over 'gecenterd' zijn, een woord dat zich niet makkelijk laat vertalen – geankerd, geworteld, gegrond –, dan gaat het over een houding die we zelf kunnen cultiveren door mediteren, maar die kinderen leren in de aandachtige interactie met hun ouders en verzorgers.

Het kind probeert de aandacht van de ouder ook te trekken naar dingen die het kind opvallen, door te wijzen, en als het al kan praten 'kijk!', 'luister!', 'voel!', 'proef!' te zeggen. Dit proces van gedeelde aandacht voor iets noemen we 'joint attention', en is een belangrijke indicator voor een gezonde ontwikkeling: autistische, depressieve en verwaarloosde kinderen blijken niet zo vroeg en zo vaak dingen aan te wijzen.[6] Als ouders met hun kind samen aandacht aan iets besteden, helpt dit het kind zijn aandacht te intensiveren, want als de ouder er werkelijk aandacht aan besteedt is het dus belangrijk, begrijpt het kind, en stimuleert de ouder het kind om nog vaker, beter of langer te kijken. Als een ouder die het kind weinig spiegelt doordat hij weinig aandacht besteedt aan wat het kind voelt, zegt en doet, en niet of slechts oppervlakkig meekijkt als het kind hem dingen aanwijst kan dat het tegenovergestelde effect hebben, namelijk dat het kind zichzelf minder goed leert kennen en zich minder als heel ervaart, minder gecenterd is, en minder, korter, oppervlakkiger aandacht besteedt aan dingen die hem opvallen.

Van alle diersoorten is de mens degene waarbij het het langst duurt tot het kind kan overleven zonder de zorg van de ouders. Dit wordt in verband gebracht met de grote omvang van de schedel van de baby, die op zijn beurt weer het gevolg is van onze grote hersenen, met name onze frontaalkwabben, die de mens onderscheiden van de dieren. Door die grote schedel moet de baby veel te vroeg geboren worden, en duurt het zo lang voor de baby kan lopen en zichzelf kan voeden en beschermen. Het kost daarom enorm veel inspanning om een enkel mensenkind tot volwassenheid te brengen.

Hoe wij opvoeden is door natuurlijke selectie gevormd. Opvoedingsstijlen die de kans dat een kind overleefde tot volwassenheid vergrootten werden vaker doorgegeven aan de volgende generatie, wij zijn dus *geëvolueerde* ouders.[7] In onze evolutionaire geschiedenis was de moeder-kinddyade, omdat de moeder de baby in het begin van haar leven zo vaak en lang moest voeden en daarbij weinig anders kon doen, kwetsbaar voor aanvallers van buitenaf, en afhankelijk van de vader, grootouders, broertjes en zusjes en de grotere gemeenschap voor bescherming en voeding. Mensen voedden hun kinderen dan ook op in groepen. Daar komt de uitdrukking vandaan: 'It takes a village to raise a child.'

In de huidige westerse maatschappij is er van dit opvoeden als groep weinig over. We wonen met een enkel gezin in een huis in plaats van allemaal samen. Met name in de stad is er weinig sociale cohesie en sociale controle, en de kinderen gaan naar de crèche of naar een betaalde oppas in plaats van dat de grootouders, andere familieleden, vrienden, of buren voor ze zorgen terwijl de ouders aan het werk zijn.

Omdat de zorg voor onze kinderen zo'n veelomvattende taak is, kan het verworden tot een reeks van 'to do's' waar we met onze aandacht niet volledig bij zijn. Dit wordt wel de 'doing mode' of doemodus genoemd.[8] In de doemodus zijn we bezig met dingen klaar te krijgen, op te lossen, doelen te bereiken, en zijn we ons bewust van de discrepantie tussen hoe dingen zijn en hoe ze zouden moeten zijn, bewust van alles wat nog niet af is en gedaan moet worden. In de doemodus kunnen we efficiënt dingen doen die we goed kennen en die weinig bewust aandacht van ons vragen, die geautomatiseerd zijn, zoals onze kinderen eten geven, het huis schoonmaken, naar ons werk reizen. De doing mode is doorgaans een soort automatische piloot, het is onze 'default mode'. Terwijl we de dingen doen zijn we met onze aandacht vaak elders, zoals bij het resultaat van wat we aan het doen zijn. Terwijl je bijvoorbeeld naar je werk fietst denk je er al aan wat je die dag op de agenda hebt staan, of terwijl je je kinderen naar school brengt denk je eraan of ze op tijd zullen zijn of aan wie ze straks op zal halen. De doing mode krijgen kinderen al jong, van ons en op school, geleerd: 'Opschieten, anders kom je te laat, als je je huiswerk af hebt, krijg je een ijsje, niet staan dromen!'

Er is echter nog een andere staat van zijn, waarmee elk mens geboren wordt, de 'being mode' of zijnsmodus: waarin we ons verbinden met het huidige moment, waarin we de dingen ervaren zoals ze op dat moment zijn, de dingen kunnen laten zijn zoals ze zijn, we open en accepterend zijn tegenover prettige, neutrale en onprettige gevoelens (van onszelf en anderen), we de ervaring niet proberen te veranderen, en een gevoel van kalmte, stilte, en 'centeredness' ervaren. Kinderen zijn van nature in deze zijnsmodus, terwijl we met ze naar school lopen staan ze bij elk bloemetje stil, niet bezig met tijd of doel van de wandeling, maar van dit moment en deze plek.

Sinds ik leerde over deze twee states of mind maak ik als ik mijn zoveelste 'to do'-lijst opschrijf (op zo'n gele post-it) daarnaast een 'to be'-lijst (met een roze of blauwe post-it), om me eraan te herinneren waar het echt om gaat in het leven. Overigens is het afvinken van je 'to do's' een heel nuttige bezigheid omdat het een bekrachtigingscentrum in je brein activeert, dus elke keer dat je een vinkje zet, een bolletje inkleurt, een 'to do' doorstreept, beloon je jezelf: goed zo! Het gaat echter om de balans tussen de doe- en de zijnsmodus,

> To do:
> - verjaardagscadeau voor Jonas kopen
> - Eva naar zwemmen brengen
> - school bellen over huiswerk dat kwijt is
> - vragen of Doris bij Anna wil logeren
> - Doris helpen met tas pakken
> - cakejes bakken met Jonas voor school

> To be:
> - kalm
> - aandachtig
> - geduldig
> - in contact/samen
> - ervan genieten terwijl het bezig is

en om de wijze waarop we onze taken doen en onze doelen trachten te bereiken.

Opvoeden lijkt een 'to do'-lijst geworden, iets waar we succesvol in moeten zijn zoals in onze carrière, waarbij succes te veel is gedefinieerd in termen van uiterlijke kenmerken zoals schoolopleiding, zelfstandigheid, schoonheid, prestaties, sociale vaardigheid, en waarbij we onze kinderen vergelijken met die van anderen, die het er beter afbrengen volgens die lat. We worden beïnvloed door foto's uit LINDA. of *Margriet* van happy family's aan de paas- of kerstdis, iedereen lacht en is mooi, slank, goedgekleed, opgemaakt en lijkt net terug van de kapper te zijn. Het huis is licht, keurig opgeruimd, het eten ziet er prachtig uit en staat allemaal op tijd op de feestelijk gedekte tafel.

Als ik terugdenk aan de kerstmaaltijden in mijn ouderlijk gezin dan komen er ook heel andere herinneringen naar boven: de kalkoen was te laat in de oven gezet en dus ongaar, mijn vader trok een gesmolten plastic zak met ingewanden uit de kalkoen toen deze eindelijk op tafel stond, en het was niet de bedoeling dat daar om gelachen werd. Wij kinderen (vijf!) ruzieden of giechelden zo dat we een voor een door mijn vader naar boven werden gestuurd zonder eten, er al dan niet klappen vielen maar in ieder geval woorden, en mijn ouders bleven (ik denk diepongelukkig) met zijn tweeën aan de kersttafel over. Zij hadden ongetwijfeld ook hun verwachtingen van hoe een kerstdiner eruit moest zien, hoe sfeervol het moest zijn, hoe de kalkoen moest smaken en wie daarvoor verantwoordelijk was, en hoe de kinderen zich moesten gedragen. Mijn vader en moeder waren met kerst duidelijk in een doing mode waarbij zij een discrepantie ervoeren tussen hoe het zou moeten zijn en hoe het was. Als kind herinner ik me de spanning, de angst dat het fout zou lopen, en de eenzaamheid als het weer fout liep.

Wat zou er zijn gebeurd als mijn ouders een cursus mindful parenting hadden gevolgd, en hadden geleerd over de being mode? Dat zij hadden kunnen kijken naar die tafel vol ruziënde en giechelende kinderen, de kalkoen die te laat gaar was en waarin een plastic zak met ingewanden zat, de onvervulde verwachtingen die zij van elkaar hadden (over wie die kalkoen had moeten bakken en de kinderen in het gareel had moeten krijgen), hun eigen onvermogen? Hoe zou het zijn geweest als zij elke poging hadden opgegeven om de ervaring anders te laten zijn dan die was? Of als mijn moeder werkelijk met aandacht die kalkoen had gebakken, en zich bewust was geweest wat zij nodig had om die aandacht aan die kalkoen te kunnen geven, wat zij nodig had van haar man, van haar kinderen, van haar werk? Of als mijn vader in staat was geweest werkelijk met aandacht naar mijn moeder te kijken, en gezien had dat zij liever schilderde dan kalkoen bereidde, dat zij zo moe was van het zorgen voor die vijf kinderen naast haar meer dan fulltimebaan, drukke sociale leven en hobby's, dat hij haar geen groter plezier had kunnen doen dan zelf de kalkoen in de oven te schuiven?

Ik heb veel gelukkiger herinneringen aan de paastafel, hoe mijn moeder, volgens gebruik van mijn Poolse overgrootmoeder, samen met ons de eieren verfde. Ik herinner me de geur van het smeltende was van de krijtjes waarmee we op de warme eieren tekenden, hoe de krijtjes over de warme ronde oppervlakte gleden, en hoe we die daarna in de verschillende verfbadjes dompelden, verrukt over de witte lijntjes die dan ontstonden tussen het waskrijt en het gekleurde verfbad. De geur van het azijnbad waar ze daarna in gingen, en ze dan poetsen met boter zodat ze prachtig glommen. Nog steeds verf ik elk jaar, nu met mijn eigen kinderen, de paaseieren volgens dit oude gebruik!

De zijnsmodus in het gezinsleven en de opvoeding houdt in dat we onze kinderen, onze partner, ons gezinsleven, onszelf als ouders en opvoeders zien zoals ze/we werkelijk zijn, en onze ervaringen (en onze kinderen, onze partner, onszelf) niet proberen te veranderen. Een manier om dit te oefenen is met het weer. Als we 's morgens het huis uit gaan hebben we geen invloed op hoe warm of koud het is, of de zon schijnt, het regent of waait. In plaats van ons te verzetten tegen de omstandigheden (hoofd naar beneden en schouders opgetrokken als het regent, waait of koud is) kunnen we een houding cultiveren van openheid tegenover en acceptatie van het weer op dit moment: hoe voelt de regen op je gezicht, de wind om je hoofd, de kou op je huid? Het weer ervaren precies zoals het is, op dat moment, loslaten dat het anders zou moeten zijn dan het is.

Deze houding kan ik regelmatig oefenen op Vlieland, waar ik vaak mijn vakanties doorbreng in een tent. Als het dagenlang slecht weer is geweest, hoor ik ouders in het toiletgebouw tegen hun kinderen verzuchten: 'Volgend jaar gaan we naar Frankrijk!' Zij zijn niet meer in het moment, de huidige vakantie, aanwezig met hun kinderen, maar de volgende aan het plannen, die dan beter moet worden dan deze. Kinderen denken niet zo: zij ervaren het weer zoals het is, en spelen in het toiletgebouw als het buiten te nat is en in de tent te koud. Dat kunnen wij volwassenen van hen leren!

In de cognitieve psychologie doen we veel onderzoek naar 'biases', dit zijn vertekeningen van de werkelijkheid, of vooroordelen.[9] Onze geest werkt zo dat biases zichzelf in stand houden. Als we eenmaal een bepaald idee over de werkelijkheid hebben (bijvoorbeeld: 'Ik kan niet schrijven'), dan besteden we selectief aandacht aan gebeurtenissen of informatie die dit idee bevestigen (die ene onvoldoende voor dat opstel), terwijl we geen aandacht besteden aan informatie die het idee niet bevestigt of zelfs tegenspreekt (de leerkracht geeft een onvoldoende voor de schrijffouten maar let niet op de inhoud; ik ben gevraagd voor de schoolkrant te schrijven). Zo zetten we onszelf vast en geven ons niet meer de ruimte om ons verder te ontwikkelen. Dit doen we niet alleen met onszelf maar onbedoeld ook met onze kinderen.

Ik bezocht het lab van Alan Stein in Oxford waar ik video's mocht observeren van moeders met eetstoornissen die hun baby's het eerste vaste voedsel gaven met een lepel. Zij waren bang dat de baby zich vies zou maken, of te dik zou worden, en wat een feestelijk en speels moment had moeten zijn, waarin moeder en kind samen ontdekken hoe het is om voor het eerst vast voedsel met een lepel te eten, was voor deze moeders een stressvolle opvoedingssituatie. Deze moeders hadden 'biases' (bijvoorbeeld: 'Van eten word je dik'), die zij projecteerden op hun baby, zij zagen hun baby door de lens van hun eigen biases over eten! Niet alleen moeders met eetstoornissen hebben zulke biases. Ouders met een sociale angststoornis, die zelf bang zijn om negatief geëvalueerd te worden door anderen, blijken ook bang dat hun baby van vier maanden negatief geëvalueerd zal worden door anderen![10] Het is moeilijk voor te stellen hoe iemand zo'n schattige baby onaardig, lelijk of dom kan vinden, maar toch zijn deze ouders ervan overtuigd dat anderen zo over hun baby oordelen. Depressieve ouders of ouders met een borderlinepersoonlijkheidsstoornis denken dat hun kind hen niet aardig vindt, en hen niet nodig heeft, en zien de lachjes niet die hun kind hun schenkt. In het ergste geval springt een moeder met postnatale depressie uit het raam, werkelijk overtuigd dat haar baby beter af is zonder haar.

Ook ouders zonder psychische stoornissen kijken naar

hun kinderen met allerlei biases, en of ze nu positief of negatief zijn, ze kunnen het kind belemmeren in zijn ontwikkeling. Ouders die hun kind het stempel 'sportief', 'hoogbegaafd' of 'verantwoordelijk' hebben gegeven, kunnen de ontwikkeling van hun kind door die stempels hinderen. Het 'verantwoordelijke' kind krijgt bijvoorbeeld te vaak de zorg voor broertjes en zusjes, waardoor het haar speelse kant te weinig ontwikkelt. Het 'sportieve' kind moet voortdurend trainen, waardoor het niet leert om te niksen. Het 'hoogbegaafde' kind wordt voortdurend cognitief uitgedaagd, maar leert niet het genot van met de handen ('aards') bezig zijn.

Ook kunnen ouders en andere begeleiders door zulke positieve biases momenten missen waarop het kind hun hulp nodig heeft, en moeite hebben met gedrag van het kind dat niet overeenkomt met dit stempel. Ik weet nog hoe mijn dochter, die op cognitieve testen hoog scoorde, teleurgesteld thuiskwam nadat zij haar eerste spreekbeurt over walvissen had gegeven. De leraar had namelijk als feedback gegeven: 'Van jou had ik meer verwacht.' Door het stempel van slimheid had de leraar niet begrepen (en ik ook niet) hoe moeilijk het voor haar was informatie stapsgewijs te structureren in de vorm die vereist was voor een spreekbeurt.

Bovendien kan door zo'n positief stempel de broer of zus van zo'n verantwoordelijk, sportief of hoogbegaafd kind als onverantwoordelijk, onsportief, of laagbegaafd worden gezien, en zich volgens dit label gaan ontwikkelen. Ik herinner me hoe leerkrachten op school vroeger over mij verzuchtten: 'Je bent niet zoals je oudere zus' (die serieuzer was, harder werkte, beter georganiseerd was, en hogere cijfers haalde), en hoe ik vervolgens mijn best heb gedaan dat negatieve beeld zo goed mogelijk te bevestigen, door zo min mogelijk te werken en zo laag mogelijke cijfers te halen.

De diagnostische labels die een kind kan hebben gekregen, zoals ADHD, autisme, faalangstig, hooggevoelig, kunnen ook werken als biases en ouders belemmeren in werkelijk open aandacht aan het kind geven. Zo vertelde een moeder dat toen een hulpverlener haar zoon autistisch had genoemd, zij het ordenen van de knuffels van klein naar groot, wat haar zoon altijd met veel plezier deed, opeens totaal anders ervoer. Hetzelfde gedrag van haar zoon, dat ze eerst als aandachtig en zorgvuldig had gezien, en met vertedering aanschouwde, werd nu rigide en kinderlijk, en ze voelde er angst en afkeer bij.

Omdat we al zo lang met ons kind samen zijn hebben we allerlei interacties met ons kind ontwikkeld die zijn ingesleten, en vanuit deze ingesleten patronen zullen we op ons kind reageren zoals we dat altijd gedaan hebben, en ook daarin kunnen we ons kind beperken in zijn ontwikkeling. Onderzoeker Jean Dumas[11] deed een elegant experiment, waarin hij de leerkrachten vier groepen kinderen liet identificeren: sociaal competente kinderen, gemiddelde kinderen, agressieve kinderen, en angstige/teruggetrokken kinderen. In elke groep zaten dertig kinderen, ze waren gemiddeld vier jaar. De moeders werd gevraagd om eenmaal hun eigen kind, en eenmaal een onbekend kind te helpen bij een taak, maar de taak niet over te nemen. Ze moesten boodschappen doen in een miniatuursupermarkt, waarbij ze met een speelgoedwinkelwagen een lijst van vijf items moesten halen, uit verschillende schappen met verschillende soorten eten (groenten, melkproducten et cetera) en daarbij de kortst mogelijke route moesten nemen voor elk item op de lijst. De interactie tussen moeder en kind werd op video opgenomen en daarna door psychologen beoordeeld die getraind waren in het scoren van ouderlijk gedrag op mate van wederkerigheid en positiviteit, en niet wisten welk kind het eigen kind van de moeder was.

Het onderzoek liet zien dat moeders van agressieve en angstige kinderen minder positief en wederkerig reageerden op hun eigen kind dan moeders van gemiddelde of competente kinderen. De moeders van agressieve en angstige kinderen reageerden echter even positief en wederkerig als de moeders van gemiddelde of competente kinderen wanneer het niet hun eigen kind betrof. Deze bevinding toont aan dat de moeders van agressieve en angstige kinderen even wederkerig en positief kunnen reageren op kinderen als moeders van gemiddelde en sociaal competente kinderen en dat dus de historisch gegroeide wijze van omgang met hun eigen kind zorgt voor minder wederkerig en positief ouderschap.

Ouders kunnen dus allerlei vertekeningen of biases hebben over hun kind, door hun eigen problemen, door de problemen van hun kind, door diagnostische labels, doordat ze hun kinderen onderling vergelijken, en door historisch gegroeide interacties. Ouders kunnen ook biases hebben door de wijze waarop zij zelf zijn opgevoed. Als hun ouders kritisch en afkeurend met hen omgingen, kunnen ze dit gedrag verinnerlijkt hebben en automatisch kritisch en afwijzend ten opzichte van hun eigen kind staan. Hier kom ik op terug in hoofdstuk 10. Maar waar de biases van ouders ook vandaan komen, ze perken de ontwikkeling van hun kind in en kunnen een gezonde ouder-kindrelatie verstoren.

Hoe kunnen we de effecten van dergelijke biases over onze kinderen (en onszelf als opvoeder) verminderen en zo onze kinderen de kans geven zich gebalanceerd en volgens hun eigen aanleg en wensen te ontwikkelen? Ouders kunnen oefenen om vaker met een 'beginner's mind' hun kind te benaderen, door naar het kind te kijken alsof 'het de eerste keer is dat ze het kind zien'. Alles wat we met een beginner's mind doen, doen we namelijk met volledige en open aandacht. Gebruik daarbij alle zintuigen, dit helpt om de ervaring volledig in je op te nemen. Herinner je je nog toen je kind net geboren werd, de geur, de geluiden, hoe het eruitzag, hoe het keek, hoe het bewoog, hoe het voelde? Herinner je je wellicht een gevoel van verwondering, verbazing, nieuwsgierigheid, of welke andere gevoelens dan ook die je had? Hoe je het kind voor het eerst aan de borst legde? Dat is de beginner's mind. Wat ook helpt om je kind met een beginner's mind in plaats van volgens je biases waar te nemen is door het kind niet te zien als 'jouw' kind maar als 'kind'.

Ter illustratie: wat denkt een ouder als zijn kind zich voor de kassa van de supermarkt huilend op de grond gooit omdat hij geen snoepje mag? 'Wat een verwend kind heb ik', 'Dat is mijn schuld', 'Wat zullen andere mensen wel niet denken', 'Ik ben een slechte ouder omdat ik mijn kind niet kan controleren', et cetera. Wat denkt diezelfde ouder als het een kind van een ander is die zich op de grond gooit? 'Tja, kinderen moeten nu eenmaal leren dat hun behoeften niet altijd vervuld worden', 'Goed dat die ouder nee zegt tegen zijn kind', 'Waarom staat er altijd snoep bij de kassa van supermarkten, dat zouden ze moeten verbieden', et cetera!

Naar je kind kijken als 'kind' (zonder 'je' ervoor), alsof dit de eerste keer is dat je dit kind ziet, is de eerste oefening in een beginner's mind die we ouders geven in een cursus mindful parenting, en kan een sterk (bevrijdend) effect hebben. Een moeder vertelde dat ze haar zoon met een beginner's mind observeerde terwijl hij aan het lezen was. Haar zoon had de diagnose ADHD, en moeder stoorde zich vaak aan het lawaai en de bewegingsonrust in hem, ook wanneer hij las. Ze had dan de neiging niet naar hem te kijken of te luisteren. Nu ze hem observeerde alsof het de eerste keer was dat ze dit lezende kind zag, merkte ze niet alleen zijn prachtige haardos en fijne trekken op, maar zag ze opeens hoeveel plezier hij had in het lezen. Hij leefde helemaal mee met het verhaal, lachte, fronste, keek verbaasd, juichte, en bewoog enthousiast terwijl hij met volle aandacht het verhaal in zich opnam. Ze genoot nu van zijn genot.

OEFENINGEN

Zitmeditatie (track 1)

Doe een zitmeditatie van 10 minuten (audiotrack 1) met aandacht voor de ademhaling. Zoek een rustige plek waar je je prettig en veilig voelt, en niet gestoord kunt worden. Je kunt mediteren op een stoel, meditatiekruk of meditatiekussen. Zorg dat je het warm genoeg hebt, je kunt bijvoorbeeld een deken om je heen slaan en warme sokken aandoen. Zorg dat je gemakkelijk zit. Het beste is de meditatie een week lang elke dag een keer te doen, en als je de tekst kent kun je de meditatie ook zonder begeleiding doen. Zet dan een wekker na 10 minuten, of na zolang als je wilt mediteren. Laat elke verwachting los over wat je zou moeten ervaren, het gaat er alleen om dat je het doet. Maak als je wilt aantekeningen over je ervaringen in je schrift.

Beginner's-mindouderschap

Kies een moment deze week waarop je je kind zo onopvallend mogelijk 5 minuten gaat observeren. Dat kun je doen terwijl het slaapt, in de zandbak speelt, aan het lezen is, achter de computer zit of voor de tv, of welke situatie je dan ook geschikt vindt. Je mag het natuurlijk ook in verschillende situaties doen. Zet al je zintuigen open (zien, horen, ruiken, voelen, proeven) en neem je kind zo goed als je kunt waar, alsof het de eerste keer is dat je dit kind ziet. Je kunt je ook voorstellen dat je een schilder, tekenaar, verslaglegger, fotograaf of videokunstenaar bent. Hoe ziet het kind eruit? Observeer kleur, licht/donker, vorm... Kijk naar alle details, zoom in en uit, dus van waarneming van een detail naar het grote geheel en weer terug. Neem zorgvuldig alle beweging waar. Luister naar alle geluiden, de toon van de stem, geluiden door beweging, misschien hoor je de ademhaling of hartslag van je kind? Je kunt ook je andere zintuigen gebruiken als dat in de situatie van toepassing is. Kun je iets ruiken? Als je dicht op je kind zit, de geur van het haar, lichaam, of kleding. Kun je iets voelen, bijvoorbeeld als je je kind op schoot hebt of dicht bij je kind zit? Proef je iets, bijvoorbeeld als je kind een vinger in je mond stopt? Wat voel je erbij, als je zo met een beginner's-mind je kind waarneemt alsof het de eerste keer is dat je dit kind ziet? Probeer op geen enkele manier de ervaring te veranderen, de ervaring is wat ze is. Maak in je schrift aantekeningen over deze ervaring.

Routinehandeling met of voor je kind in volle aandacht

Routinehandelingen doen we doorgaans (deels) automatisch, omdat ze weinig aandacht meer nodig hebben: ze zijn ingesleten. Daardoor kunnen we ondertussen iets anders doen, bijvoorbeeld televisiekijken tijdens het aardappelen schillen. Doe deze week een routinehandeling die je meestal minimaal één keer per dag met of voor je kind doet, een week lang elke dag een keer met volle aandacht, alsof je dit voor het eerst doet. Het kan gaan om voeden, naar school brengen, vragen hoe de schooldag geweest is, aan- of uitkleden, tandenpoetsen, haren kammen, brood smeren, eten opscheppen, welterusten zeggen... De handeling mag niet te lang duren, dus als je iets kiest wat langer duurt, neem dan alleen de eerste paar minuten.

Richt je aandacht op je kind, op jezelf, en op het contact tussen jullie. Laat de ervaring zijn zoals zij is, het gaat alleen maar om bewustzijn van dit moment, precies zoals het is. Om een routinehandeling bewust waar te nemen kan het helpen om iets te vertragen.

Kies nu welke routinehandeling met of voor je kind je deze week met bewuste aandacht gaat doen, en hou dit een week lang vol (ga niet wisselen tussen verschillende routinehandelingen).

Maak in je schrift aantekeningen van je ervaringen.

Joint attention

Merk de momenten op waarop je kind je vraagt om samen ergens aandacht aan te besteden: 'Papa, mama, kijk!!', 'Luister naar dit liedje', 'Kijk naar dit filmpje', 'Je raadt nooit wat ik voor mijn proefwerk had'. Naar welke zaken wil je kind samen met jou kijken? Probeer wanneer je besluit om er samen naar te kijken ook werkelijk je volledige aandacht erbij te hebben, en doe dit iets langer, dieper of vaker dan je normaal gewend bent om te doen. Maak er aantekeningen van.

2   Je eigen ouder zijn. Zelfzorg en compassie

> Als je niet weet hoe je voor jezelf moet zorgen, en voor het geweld in je, dan zul je niet in staat zijn voor anderen te zorgen. Je moet liefde en geduld hebben voor je werkelijk kunt luisteren naar je partner of kind. Als je geïrriteerd bent kun je niet luisteren. Je moet weten hoe je mindful kunt ademen, je irritatie kunt omhelzen en transformeren.
>
> Thich Nhat Hanh[1]

In het vliegtuig luidt de veiligheidsinstructie: doe eerst je eigen zuurstofmasker om alvorens een zuurstofmasker bij je kind om te doen. Nergens laten we zo'n groot altruïsme zien als wanneer het gaat om onze kinderen. Ouders van jonge kinderen vergeten soms naar de wc te gaan of eten staand, zozeer zijn ze met hun kroost bezig. Ouders van pubers liggen de halve nacht wakker omdat hun kind te laat thuis is, of zitten tot elf uur 's avonds met hun kind aan hun huiswerk, waarna ze hun eigen werk nog moeten doen. We kunnen onszelf emotioneel en fysiek uitputten door zo goed voor onze kinderen te zorgen. Zelfzorg en zelfcompassie vormen het tegengif voor uitputting.

Wanneer wij als kind te maken hebben gehad met ouders die niet voldoende aanwezig of betrouwbaar voor ons waren, zijn deze zelfzorg en zelfcompassie extra belangrijk om aan te leren, omdat we het niet voldoende van onze ouders geleerd en daardoor niet geïnternaliseerd hebben. En wanneer we te maken krijgen met moeilijke levensgebeurtenissen, zoals ziekte of gedragsproblemen van een kind, problemen in de partnerrelatie, scheiding, een werkconflict, ontslag, mantelzorg voor hulpbehoevende ouders die ooit voor ons zorgden, het overlijden van onze eigen ouders, hebben we die zelfzorg extra nodig, en precies dan vergeten we dat vaak. In dit hoofdstuk gaat het over aandacht voor onszelf, ons lichaam, en hoe we met zelfcompassie met momenten van ouderlijk lijden kunnen omgaan.

In een mindful-parentinggroep zei een moeder, toen we bespraken in hoeverre het gelukt was om een ademruimte te nemen op momenten van ouderlijke stress, een oefening waar je drie minuten stilstaat bij hoe het op dat moment met je is en je ademhaling observeert, op verontwaardigde toon: 'Maar ik heb helemaal geen tijd voor drie minuten ademruimte in mijn drukke gezinsleven!' Een van de functies van roken, zeker nu we dat alleen nog maar buiten mogen doen, is dat we ons als ouders enkele minuten kunnen terugtrekken van ons drukke gezin, als werknemer even uit ons drukke werk, en op een feestje even uit het drukke gesprek. Het is een moment voor onszelf. Ik heb eens geklokt dat het roken van een sigaret precies drie minuten duurt, dezelfde tijd die we ouders vragen om voor zichzelf te nemen in hun hectische dag (zie hoofdstuk 3). Wanneer ik naar een meerdaagse stilteretraite ga, wat ik eens per jaar van mezelf mag en moet doen, voel ik me schuldig tegenover mijn kinderen omdat ik hen aan de zorg van anderen overlaat om zelf niets te doen. Ik voel me schuldig tegenover mijn werk omdat ik er niet ben. Ik voel me schuldig tegenover ouders van de vrienden van mijn kinderen, tegenover oppassen en collega's die ik extra werk bezorg zodat ik niets kan doen. Maar ik doe natuurlijk niet niets als ik een week lang in stilte mediteer, ik beoefen *niet doen*, en dat is een enorme klus. En elke retraite opnieuw start de meditatieleraar met hoe onze aanwezigheid hier een geschenk is aan onze kinderen, partners en collega's, een geschenk aan de wereld. Meditatieleraar en psychiater Edel Maex vertelde mij eens hoe blij zijn vrouw is als hij op retraite gaat, omdat hij daar een fijnere partner van wordt. Door voor onszelf te zorgen zorgen we voor de mensen om ons heen.

Voor onszelf zorgen begint met ons bewust te zijn van wat er in ons speelt, hoe het met ons is. Pas wanneer we *bewust zijn* kunnen we gaan zorgen voor onze behoeftes. We zijn uitgerust met het vermogen om te onderdrukken hoe we ons voelen en wat we nodig hebben wanneer ons dat niet uitkomt. We zijn in staat om ziek worden uit te stellen tot na een belangrijke deadline, door de adrenaline en dopamine die we produceren wanneer we met iets belangrijks bezig zijn. We voelen geen honger en dorst en moeheid wanneer we voor een leeuw staan, zodat we in staat zijn om op onze reserves te vluchten of vechten. En zo zijn we ook geëvolueerd om eerst voor onze kinderen te zorgen bij schaarste en dreiging. Het is prachtig dat we dat kunnen in levensbedreigende situaties, maar we doen dit ook automatisch in niet-bedreigende situaties. Mijn tante zei ooit tegen mij: 'Ik heb mijn kinderen alles geleerd, behalve om rekening met mij te houden.' Door voor onszelf te zorgen, leren we onze kinderen rekening met ons te houden, en leren we hen voor zichzelf te zorgen.

Ik herinner me hoe ik, toen ik net gescheiden was, mijn twee jonge kinderen vreselijk miste wanneer ze bij hun vader waren, en mij honderd procent voor hen inzette wanneer ze bij mij waren. Het hele weekend stond ik in dienst van wat zij nodig hadden. Maar ik miste mijn zaterdagmorgenuurtje met een koffie verkeerd en de krant op de bank, en na het weekend met kinderen ging ik voldaan maar behoorlijk uitgeput weer aan het werk. Op school zag ik hoe de zeer bekwame leerkracht van mijn zoontje soms een bord ophing met: VERBODEN TE STOREN. In deze tijd mochten de kinderen de juffrouw niets vragen, maar moesten ze zelf oplossingen vinden en elkaar helpen, terwijl de juffrouw enkele kinderen speciaal begeleidde.

Ik besloot dit thuis te introduceren. Mijn kinderen deden enthousiast mee, namen tijdens mijn zaterdagmorgenuur met koffie en krant de telefoon op (er waren nog geen mobiele telefoons) en legden de beller uit dat hun moeder niet gestoord mocht worden omdat ze de krant las en koffiedronk. Mijn zoontje hielp zijn jongere zusje naar de wc, en als ik haar zag rondrennen zwaaiend met een schaar pakte hij die van haar af. In zijn allereerste dagboek, dat hij me spontaan liet lezen, schreef hij over mijn uur voor mijzelf, blijkbaar iets wat van speciale betekenis voor hem was. Ongetwijfeld heb ik niet alleen mijzelf maar ook mijn kinderen hiermee iets belangrijks gegeven.

Voor onszelf zorgen doen we door af en toe even afstand te nemen van wat Edel Maex zo mooi 'de maalstroom van het leven' noemt,[2] bewust worden van hoe het met ons is en wat we nodig hebben, en daar ruimte voor maken. Zorgen voor onszelf begint bij luisteren naar ons lichaam. Wanneer we een stap achteruitzetten, in ons lichaam komen en onze gewaarwordingen ten volle ervaren, stemmen we ons af op onszelf, wat de eerste stap is naar ons afstemmen op onze kinderen.[3] Hoe kunnen we ons immers afstemmen op onze kinderen als we het contact met onszelf kwijt zijn? We negeren, zeker wanneer we druk bezig zijn met werk, kinderen en huishouden, ons lichaam, omdat gevoelens van moeheid, pijn of stress nu niet uitkomen.

Ook aangename lichamelijke gewaarwordingen missen we. Weet je nog hoe het voelde als je je kind borstvoeding gaf? Hoe het voelde als je liep met je kind op je schouders, zijn handjes in je haren of om je nek? Door contact te maken met ons lichaam verbinden we ons met dit moment en stappen we uit onze 'doing mode'. Wat voel je in je lichaam als je eet, de krant leest, doucht, een taart bakt, naar je werk fietst, de kinderen uit school haalt? Bewust worden van onze fysieke staat is de eerste stap in ervoor gaan zorgen. Dat zorgen voor ons lichaam kan om concrete dingen gaan als iets eten of drinken als we honger of dorst opmerken, stoppen met eten of drinken als we vol zijn of de dorst gelest is, naar de wc gaan wanneer we drang opmerken, gaan slapen wanneer we moeheid opmerken, bewegen wanneer we stijfheid of pijn opmerken, in stilte gaan zitten of lopen wanneer we onrust of overprikkeldheid opmerken, et cetera.

Aanwezig zijn bij wat we voelen in ons lichaam en ervoor zorgen, kunnen we ook beoefenen in contact met ons kind: hoe staan we als we ons kind in bad doen, hoe zitten we als we ons kind voeden, wat gebeurt er in ons lichaam als we een moeilijk onderwerp met onze puber aansnijden? We leren te luisteren naar het leven in ons lichaam, en naar de wijsheid van ons lichaam. De bodyscan is een meditatie waarbij je je hele lichaam scant, en waarmee je lichaamsbewustzijn cultiveert. Maar ook met een wandeling in de natuur, zwemmen, fietsen, yoga, sporten kun je lichaamsbewustzijn cultiveren, met name als je aandacht besteedt aan wat je ervaart in je lichaam tijdens en na de beweging.

Zelfcompassie is een onderdeel van voor onszelf zorgen, en speciaal belangrijk op momenten van stress of lijden, op momenten van (zelf)kritiek en (zelf)veroordeling, op momenten van falen. Om te begrijpen wat zelfcompassie is, is het belangrijk om eerst na te gaan wat we bedoelen met compassie in het algemeen. Compassie betekent letterlijk 'met iemand lijden'. Chris Germer en Ron Siegel[4] omschrijven compassie als volgt:

> Compassie vooronderstelt de erkenning en het helder zien van lijden. Compassie houdt een gevoel van vriendelijkheid, zorg, en begrip in voor mensen die pijn hebben, waardoor de wens om het lijden te verminderen als vanzelf ontstaat. Ten slotte is compassie het herkennen van gedeelde menselijkheid, kwetsbaar en onvolmaakt als deze is. Zelfcompassie heeft precies dezelfde kenmerken – het is gewoon naar binnen gekeerde compassie.

Compassie is iets wat we van nature in ons hebben.

Als kind was ik altijd bezig met het redden van zieke en hulpeloze dieren in nood, ik deed vrijwilligerswerk in de derdewereldwinkel, collecteerde voor hongerende kinderen in Afrika (en ik moet tot mijn grote schaamte toegeven dat ik eenmaal van gecollecteerd geld twee waterschildpadjes voor mezelf heb gekocht, en toen die doodgingen, zag ik dat als straf van boven voor mijn slechte gedrag). Mijn spreekbeurten gingen over mijn grote helden als Martin Luther King en Gandhi (die een enorme compassie voor het lijden van anderen lieten zien door te lijden met hun volk), ik las alle boeken die ik in de bibliotheek kon vinden over de Holocaust, en probeerde me dan het onvoorstelbare leed van de Joden voor te stellen. In mijn puberteit huilde ik om het lot van mijn favoriete musici zoals Jimi Hendrix, die aan een overdosis was overleden, en las ik vele boeken van schrijvers die zelfmoord hadden gepleegd, zoals Sylvia Plath, en boeken over schrijvers die zelfmoord hadden gepleegd,[5] treurend om het verlies van deze getalenteerde mensen. Ik keek naar films over het misbruik van en in de psychiatrie, zoals *One Flew over the Cuckoo's Nest*, en wilde daar een einde aan maken. Het was al volstrekt duidelijk voor me dat ik psychotherapeut wilde worden: ik wilde helpen om het lijden van anderen te verminderen! Dat ik daarmee ook hoopte mijn eigen lijden te verlichten en mijn eigen trauma's te helen, wist ik toen nog niet.

Compassie is deze natuurlijke neiging om ons te verplaatsen in het leed van anderen, en te helpen. Deze compassie ervaren we van nature voor onze kinderen; veel ouders zeggen dat ze niet wisten dat ze zoveel van iemand konden houden, totdat ze een kind kregen. Natuurlijk ervaren we niet altijd compassie voor onze kinderen, en kunnen we ook sterk negatieve emoties en gedrag tegenover onze kinderen vertonen (waarover later in dit boek veel meer), maar waar het om gaat is dat wanneer we als ouders ons kunnen verbinden met de grenzeloze liefde die we voor onze kinderen kunnen voelen, we ons bewust worden van ons eigen natuurlijke vermogen om van ons kind te houden en voor ons kind te zorgen, en datzelfde te kunnen doen voor onszelf.

Caroline Falconer, Mel Slater en anderen deden met behulp van virtual reality en andere geavanceerde techniek onderzoek naar de effecten van zelfcompassie op mensen die een depressie meemaken en maakten een video van dit onderzoek openbaar.[6] We weten dat mensen die lijden aan depressie extreem zelfkritisch zijn, zich isoleren van anderen en heel weinig geneigd zijn tot zelfcompassie als ze het moeilijk hebben. In een virtual-realityomgeving vroegen zij mensen met een depressie om als levensgrote avatars een virtual-avatarkind dat overstuur was te troosten. Ze werden geïnstrueerd om met een vriendelijke stem de volgende zinnen tegen het kind te zeggen: 'Het is niet fijn als er dingen gebeuren die we niet leuk vinden. Dat heeft je echt pijn gedaan, hè? Soms als we verdrietig zijn, helpt het om te denken aan iemand die echt van ons houdt en aardig tegen ons is. Kun je dat voor me doen? Denken aan iemand die van je houdt en aardig voor je is? Wat zou die persoon nu tegen je zeggen waardoor je je een beetje beter voelt?' Niet alleen de stem, maar ook de lichaamstaal werd met een lichaamssensor opgenomen. Het virtuele kind was geprogrammeerd om langzaam op te houden met huilen en nieuwsgierig te raken in wat de volwassene zegt.

Daarna ervaart de volwassene de scène opnieuw, maar nu vanuit het perspectief van het kind, waarbij de volwassene zichzelf ziet als levensgrote avatar die hem of haar benadert en dezelfde compassievolle dingen zegt en dezelfde gebaren tegen hem of haar maakt; deze techniek wordt 'embodiment' genoemd. Na een aantal herhalingen van deze mini-interventie van acht minuten in een maand tijd, gaven de depressieve proefpersonen aan dat ze er vriendelijker voor zichzelf door werden en hun depressieve symptomen afnamen. Een proefpersoon zei dat ze zich het volgende realiseerde: 'We are all human and vulnerable and it's okay to be vulnerable as an adult.' Anderen zeiden dat het ze hielp om aan deze ervaring te denken als ze overstuur waren en om dan meer zelfcompassie te hebben.

Zoals we onze kinderen kunnen troosten als zij pijn hebben, zo kunnen we dus ook onszelf troosten als wij pijn hebben. Zelfcompassie bestaat volgens Kristin Neff[7] uit drie componenten:

1) Herkennen en ons mindful openstellen voor de emotionele pijn;
2) Ons eraan herinneren dat lijden ons verbindt, tegen onze neiging in om ons te schamen en ons te isoleren wanneer er iets fout gaat in ons leven;
3) Met vriendelijkheid in plaats van zelfkritiek reageren, beseffen dat we compassie nodig hebben en verdienen.

Je kunt wanneer je gestrest bent of emotionele pijn hebt, bijvoorbeeld de volgende zinnen tegen jezelf zeggen:

Dit is een moment van lijden (of: Dit is echt zwaar).
Lijden hoort bij het leven (of: Ik ben niet de enige die lijdt).
Moge ik vriendelijk tegen mezelf zijn.
Moge ik mijzelf de compassie geven die ik nodig heb.

Belangrijk is dat we zelfcompassie beoefenen *niet omdat we ons beter willen voelen, maar omdat we ons slecht voelen.*[8] We dienen te beseffen dat lijden eigen is aan de mens, en ons lijden er mag zijn. Wanneer we zelfcompassie gebruiken als techniek om nare gevoelens die we op dit moment voelen te laten verdwijnen is het een vorm van weerstand en is het gedoemd te mislukken. Chris Germer zegt: 'Compassie geeft ons de kracht om het hoofd te bieden aan de wisselvalligheden van het leven – plezier en verdriet, ziekte en gezondheid, winst en verlies – tot we de mogelijkheid hebben ze te veranderen.'

We leren onze eigen ouder zijn, te zorgen voor het kind in onszelf. Speciaal voor ouders die zelf als kind zorg en troost gemist hebben kan zelfcompassie een extra uitdaging zijn. Een jonge moeder beschreef haar ervaring in een oefening waarin ze moest visualiseren dat iemand bij wie ze zich veilig voelde haar vasthield en troostte: 'I have never had anyone who would hold me like that. So sad but it felt so good.'[9]

In een mindful-parentinggroep deden we een zelfcompassieoefening waarbij de ouders iemand in gedachten moesten nemen die onvoorwaardelijk van hen hield. Een van de participanten had op heel jonge leeftijd haar moeder verloren. Ze koos voor de oefening haar tweede moeder, en moest huilen bij het beeld van die moeder die haar vasthield, haar haar streelde, en naar haar luisterde. Ze schreef: 'Ik weet wat dat is, dat verdriet, die angst. Iemand die onvoorwaardelijk van me houdt, dat vind ik eng, diep vanbinnen. De eerste die dat voor me betekende, overleed.'

Compassie, het gevoel dat ontstaat wanneer we het lijden van een ander zien en dat een verlangen aanwakkert om te helpen, is niet hetzelfde als empathie, de plaatsvervangende ervaring van de emotie van een ander.[10] Om werkelijke compassie te ervaren, moeten we ons realiseren dat we gescheiden zijn van de persoon die lijdt en dat zijn ongeluk niet het onze is. Het verschil tussen empathie en compassie kan helpen om het verschijnsel 'compassion fatigue' te begrijpen. Ouders die zorgen voor een kind met ernstige psychische of lichamelijke klachten, of te maken hebben met andere ernstige gezinssituaties waarbij ze regelmatig blootstaan aan traumatische ervaringen die met lijden van anderen te maken hebben, bijvoorbeeld een partner die verslaafd is, of mantelzorg voor een dementerende ouder, kunnen last krijgen van zogenaamde 'compassion fatigue'.

Charles Figley definieert compassievermoeidheid als: 'Een toestand die wordt ervaren door degenen die mensen of dieren in nood helpen; een extreme gespannenheid en preoccupatie met het lijden van degene die geholpen wordt, zodanig dat deze traumatische stress bij de helper kunnen veroorzaken.'[11] Het is een soort burn-out die bij hulpverleners en ouders veel voorkomt, en wordt ook wel 'secondary traumatization' genoemd. Zuster Teresa herkende dit risico voor haar nonnen die mensen in grote nood hielpen, en zond hen om de vier of vijf jaar een jaar op verlof, om te herstellen van het trauma en leed dat zij bij anderen zagen. Omdat ouders zich zo identificeren met hun kinderen is bij hen het risico op compassion fatigue wanneer het kind ernstige problemen heeft groot,[12] en is het belangrijk extra goed voor onszelf te zorgen in tijden waarin we geconfronteerd worden met leed en trauma van onze gezinsleden.

Compassion fatigue ontstaat echter niet alleen door wat we meemaken aan leed en trauma om ons heen, maar ook door hoe we ermee omgaan. Als ouder is het belangrijk om zelfcompassie te kunnen voelen voor ons eigen lijden (over het lijden van ons kind) om ons te kunnen verbinden met het lijden van ons kind[13] (hun lijden is niet ons lijden). In de mindful-parentinggroepen die ik geef zie ik hoe ouders die lijden door het leed van hun kinderen, en dan kan het gaan om (de gevolgen van) autisme, verslaving, suïcidaliteit, anorexia, langdurig gepest worden, een scheiding, een chronische lichamelijke ziekte et cetera, zichzelf verwijten wat zij verkeerd hebben gedaan waardoor zij bijdragen (of hebben bijgedragen) aan het lijden van hun kind, hoe hard zij werken om het leed van hun kind te verminderen, en daarmee wellicht ook iets van hun eigen vermeende schuld af te lossen, als boetedoening.

Maar los van of wij het leed van ons kind hadden kunnen voorkomen (waarover meer in hoofdstuk 8 over schuld), lijden wij ouders als geen ander onder het leed van onze kinderen, en hebben wij compassie nodig, en kunnen we onszelf compassie geven, voor ons leed. Wat houdt ons tegen om onszelf compassie te geven juist wanneer we het het meest nodig hebben? We zouden het liefst het leed van ons kind overnemen ('Geef mij jouw ziekte maar') zodat hij of zij niet meer hoeft te lijden. Maar echte compassie is dat we zien dat het hún leed is, en niet het onze. En dat we naast ons kind gaan staan, en compassie voelen voor zijn of haar leed, erkennend dat zij lijden, dat we niet altijd dat lijden kunnen verlichten, en voelen hoeveel pijn dat ons doet, en dat die pijn er mag zijn, en we (ook) voor onze eigen pijn gaan zorgen.

We zorgen ook voor onszelf als ouder door het kind in onszelf te herkennen, en te zien wat dat nodig heeft. Als kind waren we afhankelijk van de zorg van onze ouders. Op momenten dat we verdrietig, boos, bang, gestrest of jaloers waren, kunnen we meegemaakt hebben dat onze ouders of anderen aan wiens zorg wij waren toevertrouwd, zoals oppassen, leraren, broers en zussen, ons niet hebben getroost, maar terechtgewezen ('Eigen schuld', 'Had je maar niet...', 'Let toch eens wat beter op', 'Aansteller', 'Foei, zo mag je je niet voelen!'). Dit deden zij overigens vanwege hun eigen onvermogen om zelfcompassie te beoefenen. Fouten maken we zelden expres, en toch worden we er vaak om veroordeeld alsof we het met kwade opzet gedaan hebben. Ik weet nog hoe ik als kind een briefje van honderd gulden verloren had, dat ik in de zak van mijn broek gestopt had. Hoe ik doodsbang voor de reactie van mijn ouders naar huis fietste, mijzelf hard ervanlangs gevend om hoe dom ik was geweest, de reactie van mijn ouders vrezend. Het gekke is dat ik me de reactie van mijn ouders niet meer herinner, alleen mijn vrees ervoor, en mijn zelfverwijt.

Als mij nu als volwassene vergelijkbare dingen overkomen (Ja, dom, dom, ik heb het nog steeds niet geleerd!), zoals toen ik al bellend de bus uit stapte bij Schiphol en gelukkig niet vergat uit te checken, maar wel mijn koffer in de bus liet staan, en in een wanhopige poging mijn koffer terug te vinden het vliegtuig naar Oxford miste, en de koffer ook niet terugvond, dan is mijn eerste neiging om mijzelf verwijten te maken en daarmee lijden aan mijn lijden toe te voegen, terwijl wat ik nodig heb (en verdien, hoe moeilijk dat ook is om te voelen) zelfcompassie is ('Dit is een moment van lijden'; 'Ik ben niet de enige die mijn koffer ergens vergeet en daardoor in de problemen komt', 'Laat ik lief voor mezelf zijn').

Meditatieleraar Thich Nhat Hanh gebruikt het beeld van een baby. Als je bijvoorbeeld heel boos bent, moet je jezelf met extreme vriendelijkheid behandelen. Je moet jezelf wiegen als een baby. Volgens Thich Nhat Hanh is er in ieder van ons een gewond kind, dat geheeld kan worden door onze zelfcompassie:[14]

> Wanneer we het hebben over luisteren met compassie, denken we doorgaans aan luisteren naar iemand anders. Maar we

moeten ook luisteren naar het gewonde kind in onszelf. Soms heeft het gewonde kind in onszelf al onze aandacht nodig. Dat kleine kind kan omhoogkomen uit de diepte van je bewustzijn en om je aandacht vragen. Als je mindful bent, zul je zijn of haar stem om hulp horen roepen. Ga op dat moment, in plaats van aandacht te besteden aan wat er gaande is om je heen, terug en omhels teder het gewonde kind. Je kunt direct tegen het gewonde kind praten in de taal van liefde, en zeggen: 'In het verleden heb ik je alleen gelaten. Ik ging van je weg. Nu spijt dat me erg. Ik ga je omhelzen.' Je kunt zeggen: 'Liefste, ik ben hier voor je. Ik zal goed voor je zorgen. Ik weet dat je erg lijdt. Ik ben zo druk geweest. Ik heb je verwaarloosd, en nu heb ik een manier gevonden om bij je terug te komen.' Als dat nodig is, moet je huilen met je kind. Telkens als je het nodig hebt, kun je zitten en ademen met het kind. Adem in, ik ga terug naar mijn gewonde kind, adem uit, ik zorg goed voor mijn gewonde kind.

Door regelmatig de bodyscan te doen, leren we beter te luisteren naar ons lichaam en voor ons lichaam te zorgen. Daarnaast kunnen we onszelf steeds de volgende vraag stellen: 'Wat heb ik nodig?' Door formele compassiemeditaties te doen, zoals de hand-op-je-hartmeditatie, of compassievolle zinnen tegen jezelf zeggen, cultiveren we ook zelfcompassie. Daarbij is het belangrijk om je te realiseren dat het gaat om het beoefenen zelf, het jezelf gunnen, het jezelf *mogen* toewensen van gezondheid, geluk, liefde et cetera. Het gaat er niet om of je ook krijgt wat je jezelf toewenst. Door tot slot elke dag stil te staan bij wat je vervult van dankbaarheid, herinner je jezelf dat het geluk niet in de toekomst ligt, maar er al is.

OEFENINGEN

Bodyscan (zittend of liggend) met zelfcompassie (track 2)

De bodyscan is een meditatie die je zittend of liggend kunt doen. We zijn ons vaak weinig bewust van ons lichaam, we leven in ons hoofd. In deze meditatie scan je alle delen van je lichaam. Je doet dit met een beginner's mind, met open nieuwsgierige aandacht voor alle lichaamssensaties, alsof het voor het eerst is dat je dit lichaam voelt. Zo de tijd nemen om je hele lichaam aandacht te geven is niet alleen een oefening in lichaamsbewustzijn en aandacht, het is ook een daad van zelfcompassie. Doe deze week bij voorkeur elke dag een keer de bodyscan. Audiotrack 2 bevat een bodyscan van 10 minuten. Mocht je een langere willen proberen, dan kun je die vinden op internet of bestellen bij een van de vele Nederlandstalige meditatieleraren, zoals Joke Hellemans, Rob Brandsma of Edel Maex, of Engelstalige zoals Mark Williams of Jon Kabat-Zinn. Maak als je wilt notities in je schrift over je ervaring.

Een waarschuwing over je schuldig voelen als je niet mediteert: het kan zijn dat je de *intentie* hebt om elke dag te mediteren, en dat je het toch niet doet, op dezelfde manier als we ons hebben voorgenomen om te sporten, gezond te eten, vroeg naar bed te gaan, minder te drinken en te roken et cetera. Het niet nakomen van voornemens kan een bron van schuldgevoel zijn, je gaat jezelf verwijten maken omdat je niet mediteert, wat vaak niet helpt om wel te mediteren. Sterker nog, je gaat je er zelfs slechter door voelen. Mediteren wordt dan een van de vele zaken op je dagelijkse 'to do'-lijst, waardoor je leven nog drukker wordt, en wellicht is het niet mediteren de aanleiding om dit boek in een hoek te gooien.

Wat dan kan helpen is voor jezelf een lijst te maken met in de linkerkolom alle obstakels om te mediteren en rechts alle oplossingen voor die obstakels. Hier een voorbeeld van een lijst die wij met een groep mindfulnesstrainers gemaakt hebben over onze eigen obstakels en oplossingen:

Obstakels:	Oplossingen:
Te moe	Meer slapen, andere tijd van de dag mediteren
Te druk, geen tijd	Taken eraf, anderen vragen te helpen
Geen zin	Het hoeft niet leuk te zijn
Vergeten	Reminder op telefoon, inplannen
Saai	Pas als 't saai is wordt 't interessant, andere audio proberen
Bang dat het niet goed gaat	Er is geen goed, het is oké om bang te zijn
Alcohol gedronken	Andere tijd van de dag mediteren, een keer met alcohol mediteren
Schuldgevoel tegenover gezin of werk	Zij profiteren van je meditatie, gun het jezelf!
Het helpt niet	Geef het de tijd

Wat heb ik nodig?
Stoppen om jezelf af te vragen 'Wat heb ik nodig?' is volgens Chris Germer de eerste stap naar zelfcompassie in je dagelijks leven. Stel jezelf de volgende vragen en beantwoord ze in je schrift. Onder elke vraag staat een voorbeeldantwoord.

Hoe zorg ik al voor mezelf als ouder?
(denk aan fysiek, mentaal, emotioneel, relationeel, spiritueel)

Ik breng mijn kinderen eens per week naar mijn moeder om een middag voor mezelf te hebben, ik mediteer 's morgens voor ik ze uit bed haal, ik vraag mijn partner om me te helpen, ik lees boeken over ouderschap

Welke nieuwe manieren kan ik bedenken om voor mezelf als ouder te zorgen?
(denk aan fysiek, mentaal, emotioneel, relationeel, spiritueel)

Ik kan mijn kinderen leren meer rekening met mij te houden, ik kan beter op mijn houding letten als ik iets met de kinderen doe, ik kan een vriendin bellen als ik vastloop in de opvoeding

Hand-op-je-hart- en liefdevolle vriendelijkheidsmeditatie

Herken deze week momenten van (ouderlijk) lijden, het mag om klein leed gaan, bijvoorbeeld dat je je erg hebt uitgesloofd om een lekkere maaltijd te bereiden, en dat je kinderen niet willen eten, of dat je het feestje waarvoor je kind was uitgenodigd bent vergeten, en hij of zij nu woedend en verdrietig op zijn kamer zit.

Zeg tegen jezelf: 'Dit is een moment van lijden.'

Verbind je eigen leed met het leed van andere ouders, door tegen jezelf te zeggen: 'Ik ben niet de enige ouder die lijdt' of: 'Ik ben niet de enige ouder die fouten maakt.'

Zeg troostende woorden tegen jezelf, zoals: 'Het valt niet mee om een goede ouder te zijn' of: 'Laat ik lief voor mezelf zijn.' Kijk welke troostende zinnen er in je opkomen, en schrijf ze op.

Of probeer troostende handelingen uit, zoals de volgende:

Leg je beide handen zachtjes op je hartstreek, en voel de druk en de warmte van je ene hand op de andere, en de druk en de warmte van beide handen op je borst. Blijf zo lang bij dit gevoel als je wilt.

Omarm jezelf, door je beide armen om je heen te slaan.

Foetushouding: Ga opgekruld op je zij liggen met je armen om je benen, in een beschermende houding.

Wrijf je beide handen tegen elkaar tot ze warm worden, en leg dan je warme handen op je gezicht.

Of stel jezelf de vraag: 'Wat heb ik nu nodig?' en kijk wat er omhoogkomt. Los van of je jezelf dat kunt geven op dat moment, helpt het om in contact te komen met je behoeftes aan zorg, steun, vriendelijkheid, stilte, rust, een arm om je heen.

Dankbaarheid

Schrijf in je schrift deze week elke avond voordat je gaat slapen drie dingen op waarvoor je dankbaar was die dag, hoe klein ook. Leg het schrift op je nachtkastje, dan herinnert het schrift zelf je eraan!

Ik doe dit sinds ik in 2012 een workshop van Chris Germer gevolgd heb, en elke dag opnieuw merk ik, ook op de moeilijkste dagen, dat het me bewust maakt van 'de kleine dingen die niet zo klein zijn', om met Jon Kabat-Zinn te spreken, het helpt me om het leven te vieren, en de dag goed af te sluiten. Meditatieleraar Thich Nhat Hanh[15] zegt hierover: 'We hebben allemaal de zaden van liefde en mededogen in ons, maar ook de zaden van haat en woede. Hoe meer we de zaden van liefde en mededogen water geven, hoe meer liefde en mededogen we creëren voor onszelf en voor anderen.'

3   Ouderlijke stress.
Van overleven naar ademruimte

> Ze [Vanja van 4] weet al precies hoe het eraan toegaat in de wereld en is soms zo brutaal dat ik er gek van word en tegen haar schreeuw of haar door elkaar schud, waarna zij begint te huilen. Maar meestal lacht ze alleen maar. De laatste keer dat ik zo woest op haar was dat ik haar door elkaar schudde en zij alleen maar lachte, kreeg ik opeens een ingeving en legde mijn hand op haar borst. Haar hart bonsde. Tjonge, wat bonsde het.
>
> Karl Ove Knausgård[1]

Omdat ik vlak bij een crèche in het centrum van een grote stad woon, ben ik soms getuige van de stress van ouders die 's morgens hun kind afzetten. Ze zijn misschien laat voor het werk, er is geen parkeerplek, de kinderen zijn te vroeg uit hun bed gehaald en huilen of werken op een andere manier niet mee. 's Avonds als de kinderen worden opgehaald lijkt de stress nog groter: misschien vanwege de race tegen de klok om op tijd bij de crèche te zijn. De crèche gaat namelijk om halfzeven dicht, en wat gebeurt er dan met je kind als je er niet bent? De kinderen jengelen van moeheid, en de ouders dreigen: 'Als je nu niet stopt met huilen, gaan we niet uit eten', of chanteren: 'Als je nu stopt met huilen, gaan we uit eten.' Stel je eens voor dat de deur van de crèche niet zou opengaan door een nummer in te tikken, maar pas wanneer ouders een minuut in stilte voor de deur zouden hebben gestaan, of wanneer een sensor in de deur een ontspannen (lagere frequentie, hoge variabiliteit) hartslag zou meten? Ouders zouden zich dan bewust worden van hun eigen innerlijke staat, en met open blik hun kind wegbrengen of ophalen.

Opvoedingsstress kan het slechtste in ons naar boven brengen. Van de momenten dat we ons geduld verliezen en onze boosheid en frustratie de vrije loop laten, hebben we als ouders achteraf spijt, want we weten dat ze sporen nalaten, net als de sporen uit onze eigen jeugd, de herinneringen aan confrontaties met onze ouders waar wij zelf mee worstelen. In zijn reeks van zes autobiografisch geïnspireerde boeken beschrijft Karl Ove Knausgård dergelijke voorvallen van een vader met zijn kinderen en vraagt hij zich af waarom hij zijn geduld af en toe volledig verliest.

Dit hoofdstuk gaat over ouderlijke stress, de evolutionaire basis ervan, en daarmee de functie en het gebrek aan controle erover: 'We kunnen het niet helpen, het zit in onze genen' en hoe het herkennen van deze stress en een heel kort moment van niet-doen maar ervaren, van letten op onze ademhaling, ons kan helpen om niet in onze overlevingsrespons te schieten wanneer het geen gevaarlijke kwesties betreft. Hierdoor kunnen we in plaats van reactief ouderschap bewust ouderschap beoefenen, antwoorden in plaats van reageren.

Er is weinig wat ons zo in de stress doet schieten dan wanneer er iets is met ons kind. Ik herinner me dat ik kort na mijn bevallingsverlof 's morgens op mijn werk aankwam, onze drie maanden jonge baby aan de oppas had toevertrouwd, en de secretaresse mij meldde: 'Je moet direct naar huis bellen, het is dringend' (dit was nog in de tijd dat we geen mobiel hadden). Lopend naar mijn kamer dacht ik als eerste 'Mijn baby is dood', toen 'heeft een ongeluk gehad', 'is ziek', en terwijl ik de hoorn oppakte en het thuisnummer draaide 'ik heb geen briefje neergelegd met welke boodschappen er gehaald moeten worden en wat er gekookt moet worden vanavond'. Dit laatste was het geval.

Deze gebeurtenis illustreert hoe ons 'gevaarschema'[2] als eerste geactiveerd wordt bij ambigue berichten ('het is dringend'). Een schema is een georganiseerde set van (ook evolutionaire, dus overgeërfde) kennis en ervaringen rond een bepaald thema, zoals gevaar, vaak al vroeg in ons leven opgedaan, dat geactiveerd wordt bij bepaalde signalen. Zo'n signaal kan een lichamelijke ervaring zijn ('stress'), een woord ('dringend'), een beeld ('ambulance'), een herinnering ('ongeluk babybroertje vroeger'). We zijn geëvolueerd om catastrofale interpretaties de voorrang te geven boven onschuldige of positieve interpretaties, hetgeen ons helpt om dit bericht te prioriteren boven andere berichten, in dit voorbeeld de notities over patiënten die ik dringend moest terugbellen. Hierdoor belde ik eerst de oppas en niet mijn patiënten, en ontspande toen ik hoorde waarom de oppas belde. Wij zijn geprogrammeerd om voorrang te geven aan gevaarsignalen ('dringend') en gevaarinterpretaties ('mijn baby is dood'), want de kosten van gevaar onterecht negeren zijn doorgaans groter dan de kosten van te snel gevaar zien.

Wanneer we mogelijk gevaar detecteren (bijvoorbeeld geritsel in het gras dat op de aanwezigheid van een slang kan duiden) neemt dit signaal de snelle route in ons brein en slaat het prefrontale gedeelte van ons brein, de langzame route, over (waarmee we plannen, wikken en wegen, de consequenties van ons gedrag kunnen overzien, het perspectief van de ander zien, empathie hebben). In plaats daarvan gaat het signaal direct via de amygdala en ons limbisch systeem (die actief zijn bij respectievelijk aangeboren en aangeleerde angst), zodat we zonder tussenkomst van denken in actie kunnen komen (signaal: geritsel in het gras... actie: spring!).[3]

De neiging om eerst te doen en dan pas te denken in gevaarlijke situaties gaf onze voorouders een grotere kans om te overleven. Deze snelle actie is een vecht-of-vluchtreactie, waarin we intuïtief kiezen wat voor ons overleven het kansrijkst is: aanvallen of het op een lopen zetten. We hebben daar geen bewuste controle over, het gebeurt automatisch. We zijn daarbij gericht op de overleving van onze genen, en daarom zijn onze kinderen wellicht de grootste bron van stress, oftewel datgene wat ons gevaarschema het meest activeert, want zij dragen onze genen. Voor moeders ligt dit mogelijk anders dan voor vaders, om de simpele reden dat in tegenstelling tot het vaderschap het moederschap altijd vaststaat, omdat een moeder het kind gebaard heeft. Bovendien kunnen mannen veel meer kinderen krijgen dan vrouwen (enkele duizenden jaren geleden konden vrouwen slechts eenmaal in de vier jaar een kind baren, omdat ze het kind zo lang aan de borst hadden).

Naar de vecht-of-vluchtoverlevingsrespons is veel onderzoek gedaan, vooral bij mannelijke proefpersonen. Meer recent onderzoek[4] laat zien dat er speciaal (maar niet alleen) bij vrouwen, nog een andere overlevingsrespons is: 'tend and befriend'. In stressvolle situaties hebben vrouwen meer dan mannen de neiging om zich te verbinden met anderen, zij nemen de kinderen bij zich (tend), en glimlachen naar hun aanvaller (befriend), wanneer dat hun overlevingskans en dat van hun kinderen vergroot. Deze reactie zou kunnen verklaren waarom moeders in de stress van een (vecht)scheiding de kinderen van hun vader weghouden, en vrouwen die verkracht worden achteraf niet begrijpen waarom ze zo vriendelijk tegen hun verkrachter hebben gedaan.

Laten we naar alledaagse ouder-kindinteracties of opvoedingssituaties kijken waarin ouders in de stress schieten. Het kan zijn dat je ene kind voor de zoveelste keer met z'n mobiel bezig is in plaats van zich klaar te maken voor school, waardoor alle kinderen te laat op school dreigen te komen en jij te laat op je werk, of dat je puber met een vette onvoldoende voor een belangrijk proefwerk thuiskomt omdat hij opnieuw niet goed wist wat hij voor dit proefwerk moest doen, of een andere alledaagse opvoedingssituatie die jou veel stress bezorgt.

Waar voel je die stress in je *lichaam*? Misschien gaat je hart sneller kloppen, wordt je ademhaling hoger en oppervlakkiger, krijg je het warm of juist koud, merk je dat je spieren zich aanspannen, of krijg je een droge keel. Welke *emoties* merk je op? Wellicht voel je je nerveus of angstig, geïrriteerd of boos, teleurgesteld of somber. Wat voor *gedachten* zouden er door je heen gaan in deze situaties? Wellicht denk je dat je kind lui en ongemotiveerd en egocentrisch is, dat hij het doet om jou dwars te zitten, dat hij zal blijven zitten, dat het aan jou ligt, dat je het zat bent om de kar te trekken, dat je een slechte ouder bent.

Wat zou de eerste impuls zijn die in je opkomt in zo'n situatie? Dus niet wat je echt hebt gedaan, maar wat je *actieneiging* is. Wellicht voel je in de ochtendstresssituatie de neiging je kind bij de arm te grijpen en naar school te sleuren, de mobiel uit zijn hand te trekken, tegen je kind te schreeuwen, je kind zich schuldig te laten voelen omdat zijn broertjes en zusjes wel op tijd willen komen, je kind om te kopen om mee te werken, of voel je de neiging om er de brui aan te geven en ofwel zonder je kind te vertrekken ofwel onder de dekens te gaan liggen. In de proefwerkstresssituatie voel je misschien de neiging om te gaan preken tegen je kind over zijn toekomst en te dreigen dat je niet altijd voor je kind zult blijven betalen of dat hij op huiswerkbegeleiding moet, om je handen ervan af te trekken, 'zoek het zelf maar uit', om te zwijgen, om je kind voor lui en ongemotiveerd uit te maken, om openlijk je teleurstelling te ventileren, en om je kind te vergelijken met zijn broers en zussen die wel goede cijfers voor hun proefwerken halen.

Nu kijken we met een evolutionaire bril naar deze alledaagse opvoedingsstresssituaties en reacties. Stel dat je kind de straat op rent en er een grote vrachtwagen aan komt. Dat zal dezelfde lichamelijke stressreactie geven: verhoogde hartslag, versnelde ademhaling, zweten, spierspanning et cetera, die erop wijzen dat het stresshormoon adrenaline actief is, hetgeen ons lichaam klaarmaakt om te vechten of vluchten als er werkelijke dreiging is. Hoe zou je reageren? Wellicht zou je keihard schreeuwen, of je kind van de weg af sleuren. De vechtreactie (die zonder tussenkomst van denken plaatsvindt) van hard schreeuwen, of je kind wegsleuren, zal dan het gewenste effect kunnen hebben: je kind overleeft.

Het grote verschil tussen deze verkeersstresssituatie en de ochtendstress- en proefwerkstresssituaties is evenwel dat die laatste geen van beide kwesties van leven of dood betreffen. De triggers zijn alledaagse opvoedingssituaties, waar het lichaam op reageert met hetzelfde stresshormoon adrenaline en dezelfde lichamelijke reacties als wanneer het levensbedreigende situaties betreft. We bewandelen vervolgens de snelle route in ons brein, slaan de prefrontale cortex over, zodat we kunnen vechten (bijv. het kind meesleuren of tegen hem schreeuwen) of vluchten (bijv. zonder kind vertrekken).

Maar deze actieneigingen helpen ons niet om ons doel te bereiken (schreeuwen heeft bijvoorbeeld vaak een averechts effect), zijn niet goed voor de ouder-kindrelatie, en berokkenen het kind (en jezelf) schade. Want hoe goed onze intenties ook zijn als ouder, het kan heel goed zijn dat de keren dat we uit de bocht vliegen, ons kind uitmaken voor dingen waar we later spijt van hebben, met deuren slaan, ons kind slaan, weglopen, of ons op een andere wijze beangstigend en onvoorspelbaar gedragen, een blijvend onbedoeld effect op ons kind hebben, en dus schade berokkenen (lees in dit kader ook hoofdstuk 5 over reparatie van ruzies).

Wat ons onderscheidt van de overige zoogdieren is dat we naast vechten of vluchten nog iets anders kunnen doen bij (ouderlijke) stress: denken! We piekeren, rumineren, denken in catastrofes, dramatiseren, personifiëren, en daarmee voegen we lijden toe aan onze stress. Onderzoek van Tom Borkovec[5] laat verrassend genoeg zien dat door dat herkauwen van onze negatieve gedachten de stress vermindert (we blijven immers aan oplossingen en verklaringen denken, ook al hebben ze de vorm van 'Het komt allemaal door mij', 'Ik ben een slechte ouder', 'Mijn kinderen zijn beter af zonder mij'), maar voor dat negatieve denken wordt een hoge prijs betaald. Door het herkauwen blijft ons de stressvolle gebeurtenis veel langer bij, gaan we ons slecht, schuldig, machteloos, down en wanhopig voelen, en hierdoor hebben wij anders dan andere zoogdieren last van allerlei stressgerelateerde ziektes. Meditatieleraar Eckhart Tolle[6] bespreekt treffend de kracht van het denken, hoe we ons volledig laten meezuigen door ons denken en we als we onze gedachten maar vaak genoeg herhalen gaan geloven dat de verhalen in ons hoofd de waarheid zijn. Hij schat dat negentig procent van ons denken onnodig is. Dit negatieve denken tijdens opvoedingsstress wordt mooi geïllustreerd in de volgende zen-koan:

EEN ZEN-KOAN VOOR OUDERS

Vraag 1:
Wat is het geluid van een klappende hand?

Antwoord:
Het geluid van een klappende hand is het geluid van een klappende hand.

Vraag 2:
Wat is het geluid van een kind dat zich misdraagt?

Antwoord:
Het geluid van een kind dat zich misdraagt is het geluid van een kind dat zich misdraagt.

Vraag 3:
Wat is het geluid van *mijn* kind dat zich misdraagt?

Antwoord:

Het geluid van 'Ik kan mijn kind niet controleren', het geluid van 'Ik zou dat moeten kunnen', het geluid van 'Ik ben een slechte ouder', het geluid van 'Ik weet niet wat ik moet doen', het geluid van 'Ik haat dit kind', het geluid van 'Ik mag me zo niet voelen', het geluid van mijn falen.

Coyne & Wilson, 2004[7]

Samengevat: we zijn geëvolueerd om razendsnel gevaar te detecteren en geven voorrang aan catastrofale interpretaties in stressvolle situaties en bij ambigue signalen, en we doen dat speciaal wanneer het onze kinderen betreft. We schieten dan in een overlevingsrespons die niet behulpzaam is als het geen levensbedreigende situaties betreft. Verder gaan we piekeren in een poging controle over onze stress te krijgen, waardoor we ons lijden vergroten. Dit alles gebeurt automatisch en we hebben er geen controle over en ook geen schuld aan, maar het belast wel onze kinderen. Kunnen we hier dus niets aan doen?

We kunnen ons bewust worden van onze stress. Door heel goed naar ons lichaam te luisteren tijdens stressvolle momenten kunnen we opvoedingsstress leren herkennen wanneer die zich voordoet. Door meditatie leren we ons meer bewust te worden van alles wat er zich in ons lichaam voordoet, en van onze reactieve neigingen. We leren tijdens een zitmeditatie bijvoorbeeld minutieus te voelen waar we jeuk hebben, en onze reactieve neiging om dat gevoel weg te laten gaan door te krabben, en ontdekken dat als we krabben het effect nog meer jeuk is.

Door stil te staan wanneer we gestrest zijn, en te observeren wat er in ons lichaam gebeurt, stappen we uit de automatische snelle route die ons voorbereidt op een vecht-of-vluchtreactie. Door op metaniveau onze stress waar te nemen creëren we afstand, tijd en ruimte, en een seconde van afstand en observatie kan genoeg zijn om niet de snelle route te nemen, maar onze prefrontale cortex in te schakelen.

Door ons bewust te zijn van onze spanning, en onze reactieve neigingen die met die spanning samengaan, kunnen we onze automatische reactie uitstellen, en de situatie met een beginner's mind te bekijken, waarbij we niet alleen oog hebben voor ons eigen perspectief maar ook voor dat van de ander(en). We kunnen de gevolgen van ons gedrag overzien, nog voor we het gedrag vertonen. Zo creëren we ruimte, kunnen we alternatieve manieren van reageren overwegen, en hebben we een keuze. We antwoorden in plaats van reageren. Het kan nog steeds zijn dat je kiest om je kind naar school te sleuren, of een preek te houden over zijn toekomst, maar ik voel altijd het onderscheid bij mezelf tussen pedagogisch boos zijn, of automatisch reactief boos zijn, en bij dat laatste spelen meestal persoonlijke dingen een rol die niets met mijn kind te maken hebben, zoals moeheid of eigen angsten en frustraties.

Naast leren luisteren naar ons lichaam op momenten van stress, helpt het om regelmatig te mediteren. Daardoor wordt ons stressniveau lager en vermindert onze reactiviteit. We kunnen van dagelijks mediteren een gewoonte maken, net als van tandenpoetsen, of sporten, het is het onderhoud van onze ziel. Daarom is het belangrijk elke dag jezelf de ruimte te geven voor meditatie, een periode van niet-doen maar zijn. De worsteling die dit kan opleveren (er geen zin in hebben, er te moe voor zijn of het saai vinden, jezelf verwijten maken, je schuldig voelen, de oefeningen als niet nuttig veroordelen, jezelf wijsmaken dat je hier geen tijd voor hebt) kan een hele uitdaging zijn. Belangrijk is om je te realiseren dat je het niet prettig hoeft te vinden, je moet het gewoon doen. We vragen ons ook niet af of we het leuk vinden om onze tanden te poetsen, of dat we er tijd voor hebben, we doen het gewoon. En zoals we onze tanden op vaste momenten poetsen, om het daardoor niet te vergeten, kunnen we de dagelijkse meditatie op vaste momenten plannen, om deze zo onderdeel te laten worden van onze dagstructuur.

OEFENINGEN

Zitmeditatie met aandacht voor geluiden en gedachten (track 3)

In deze zitmeditatie (audiotrack 3, 10 minuten) stellen we ons open voor geluiden, geluiden in de kamer, en in ons lichaam, en geluiden van buiten. Luisteren naar geluiden met een beginner's mind, zonder te labelen 'vogel', 'auto', 'wasmachine', maar luisteren naar ritme, toon, volume, timbre, locatie van het geluid. Daarna laten we de aandacht voor geluiden los en observeren we onze gedachten (beelden, herinneringen, innerlijke dialoog, plannen) van een afstand. Zie gedachten als gedachten in plaats van als de waarheid. Identificeer je niet met je gedachten. We leren de kracht van ons denken kennen, hoe ons denken ons onmiddellijk in een andere emotionele toestand kan brengen, en hoeveel van ons denken zinloos is, en ons uit onze directe ervaring haalt.

Ademruimte (track 4)

Check tweemaal per dag hoe het met je is, op momenten dat het je te binnen schiet, of door een timer te zetten op je mobiel. Neem een ademruimte. Deze oefening duurt ongeveer 3 minuten, 1 minuut per stap. Je kunt de eerste keren track 4 gebruiken (3 minuten).

1 Inchecken
Neem een houding aan die je helpt om de aandacht voor dit moment te vergroten; dit kan zittend, staand of liggend. Sluit eventueel je ogen. Richt je aandacht op je innerlijke ervaring. Merk op welke gedachten, emoties, lichamelijke ervaringen er zijn, en of je geneigd bent om iets te doen. Breng je ervaring onder woorden. Bijvoorbeeld, zeg in gedachten: 'er is boosheid', 'er zijn zelfkritische gedachten', 'er is spanning in mijn kaken', 'neiging om op te staan'.

2 Aandacht naar de ademhaling
Breng vervolgens je volledige aandacht naar je ademhaling. Volg elke ademhaling de hele weg naar binnen en de hele weg naar buiten. Je hoeft niets aan je ademhaling te veranderen, alleen maar het zachte ritme te volgen... adem na adem...

3 De aandacht uitbreiden
Breid je aandacht uit naar je hele lichaam, inclusief gevoelens van onbehagen, spanning of weerstand. Zeg tegen jezelf: 'Wat het ook is, het is oké, laat het me voelen.'

Word je bewust van je lichaamshouding en gezichtsuitdrukking. Neem deze ruimere aandacht zo goed als je kunt mee naar de volgende momenten van je dag.

Ouderlijke stress waarnemen

Houd deze week bij wanneer je 'ouderlijke stress' ervaart. Let op momenten waarop je gestrest bent in situaties die met je kind te maken hebben, en observeer nauwkeurig wat er in je lichaam gebeurt, en welke actieneigingen je hebt. Doe dit met een open, nieuwsgierige houding, en merk op wanneer je zelfveroordelende gedachten tegenkomt over de lichamelijke stress en de actieneigingen. Misschien merk je ook je neiging op de stress niet te willen voelen. Schijn met het licht van je aandacht op je ouderlijke stress deze week!

Vervolgens kun je als je dat wilt een ademruimte nemen of je afvragen wat je nodig hebt in deze situatie, of een hand-op-je-hartmeditatie doen. Je kunt ook je partner of kinderen vragen je te helpen herkennen wanneer jij in je ouderlijke stress schiet, en op het moment dat zij een herkenningsteken geven (dat jullie vooraf hebben afgesproken) je even terugtrekken om te voelen wat er met je gebeurt, in je schrift de volgende zeven kolommen invullen, en eventueel een ademruimte te nemen. Hieronder staat een voorbeeld.

1 Situatie	Mijn kind heeft morgen proefwerk maar weet niet meer wat hij moet doen en durft geen vriendje te bellen
2 Lichaam	Warm, hartkloppingen, zweten
3 Emoties	Angstig, boos

4	Gedachten	Zo gaat hij de school nooit halen
Hij doet het expres om mij dwars te zitten
Waar heb ik dit aan verdiend?
5	Actieneigingen	Neiging om het boos over te nemen
Neiging om weg te lopen en met de deur te slaan
Neiging om te roepen: je zoekt het zelf maar uit!
6	Ademruimte of zelfcompassie toegepast?	Ademruimte genomen
7	Effect	Ik voel daarna ook medelijden met hem, en ben me bewust van mijn bezorgdheid

4 Ouderlijke verwachtingen en de ware aard van het kind

Je kinderen zijn je kinderen niet.
Zij zijn de zonen en dochters van 's levens hunkering naar zichzelf.
Zij komen door je, maar zijn niet van je,
en hoewel ze bij je zijn, behoren ze je niet toe.
Je mag hun je liefde geven, maar niet je gedachten,
want zij hebben hun eigen gedachten.
Je mag hun lichamen huisvesten, maar niet hun zielen,
want hun zielen toeven in het huis van morgen,
dat je niet bezoeken kunt, zelfs niet in je dromen.
Je mag proberen gelijk hen te worden, maar tracht niet hen aan jou gelijk te maken.
Want het leven gaat niet terug,
noch blijft het dralen bij gisteren.

> Kamiel Gibran[1] (gedicht dat al een heel leven hangt in het atelier van mijn moeder)

Infinite Possibilities

You do not know the true origin of your children.
You call them yours
but they belong to a greater Mystery.
You do not know the name of this Mystery,
but it is the true Mother and Father of your
children.
At birth your children are filled with possibilities.
It is not your job to limit these possibilities.
Do not say, 'This and that are possible for you.
These other things are not.'
They will discover on their own what is and is not
possible.
It is your job to help them stay open
to the marvelous mysteries of life.
It may be interesting to ask,
'What limitations have, I, unthinking,
taken upon myself?'
It is very difficult for your child's horizons
to be greater than your own.
Do something today that pushes
against your own preconceptions.
Then take your child's hand
and gently encourage her to do the same.

    The Parent's Tao Te Ching[2]

In het gezin waarin ik opgroeide, was presteren heel belangrijk. Mijn jongere zus herinnerde me er laatst aan dat als wij thuiskwamen met ons schoolrapport we een kwartje kregen voor elke 7, en een gulden voor elke 8. Wanneer je gemiddeld een 7 had was je 'volle melk' en bij een 8 'room'. In haar herinnering was ik de room, en zij de volle melk, en ik voel nog steeds haar pijn over die vergelijking. Het bijzondere is dat ik me niet herinner dat mijn schoolprestaties als room werden geprezen, maar op welk gebied ik de mindere was, bijvoorbeeld in sport.

Mijn broer, zussen en ouders waren goed en fanatiek in vele sporten, behaalden prijzen, werden gekozen voor het selectieteam, en waren echte volhouders, door lange schaatstochten te maken of veel baantjes te zwemmen. Ik herinner me vooral hoe koud en nat het was op het hockeyveld, hoe bang ik was om de bal niet goed aan te spelen, gewond te raken door de kracht en de snelheid van die harde hockeybal, hoe ongemakkelijk ik me voelde om te moeten douchen met andere meisjes na de wedstrijd, de schaamte om te verliezen van mijn jongere zusjes tijdens een tennistoernooi, het lachen van mijn zus als ik weer eens viel tijdens het schaatsen, en hoe bang ik was om de schaatstocht niet vol te houden en hoe ik dan terug naar huis zou moeten komen als ik halverwege niet meer kon, want ik had geen mooie schaatsslag zoals mijn familieleden. Het liefst zat ik hoog en droog bij de verwarming op mijn zolderkamer, te schrijven in mijn dagboek, of weg te dromen op muziek. Dat dat verlangen van mij een eigen kwaliteit had, dat dat een zoektocht naar mijn ware aard was, dat is mij pas nu, bijna een halve eeuw later, duidelijk. Ik kan me niet herinneren dat mijn ouders interesse toonden in wat ik daar op die zolderkamer deed.

Veel ouders die een baby krijgen, zeker als het de eerste is, vinden het het meest perfecte wezen op aarde. Omdat we de baby bij aanvang zo perfect vinden is het risico dat hij of zij later gaat tegenvallen enorm. Brené Brown, onderzoekster en schrijfster van boeken over kwetsbaarheid, perfectionisme en schaamte,[3] zegt in een veelbekeken TED-talk:[4] 'We zouden onze pasgeboren baby moeten vasthouden en zeggen: jij bent een imperfect menselijk wezen, maar je bent het waard om mijn onvoorwaardelijke liefde en aandacht te ontvangen.'

Als het kind vaardigheid toont in pianospelen fantaseren we over zijn eerste optreden in het Concertgebouw, als het mooi kan schrijven zien we een toekomstig romanschrijver, als het goed kan leren denken we aan een universitaire carrière, en als hij fanatiek voetbalt aan een professionele voetballer. Stiekem hopen we dat ons kind bijzondere talenten heeft, en denken we bovendien dat die talenten ook op ons afstralen ('Dat heeft hij van mij', 'Daarin heb ik hem altijd gestimuleerd').

Het schoolniveau van ons kind, de universiteit waar hij of zij naartoe gaat, de doelpunten die hij of zij maakt, het beroep dat hij of zij gaat beoefenen, hoe mooi, populair, slim, sportief, creatief of anderszins getalenteerd ons kind is, als ouders denken we dat wanneer ons kind succes heeft, dat wij daardoor ook hoger op de maatschappelijke ladder staan. Maar wanneer ons kind niet succesvol is, denken we dat wij dan ook van de maatschappelijke ladder af vallen. Als we van andere ouders horen hoe goed hun kinderen het doen, op school, in hobby's, sociaal en in de liefde, is het moeilijk om ons alleen maar te verheugen in het succes van hun kinderen, en in de trots en het plezier die deze ouders daarover voelen. Onbewust vergelijken we het succes van hun kinderen met hoe onze eigen kinderen het doen, en voelen we onszelf verschrompelen.

Het boeddhistische concept van Anatta ('niet-zelf'), dat er geen onveranderbaar, permanent zelf of ziel is in levende wezens, kan ons hier een uitkomst bieden. Ron Siegel legt dit als volgt uit:

> Als we deze eenvoudige praktijk [mindfulness] lang genoeg beoefenen, ontdekken we dat ons gevoel van een samenhangend, permanent zelf eigenlijk een waanidee is, gevoed door ons voortdurende innerlijke gepraat, met 'mij' als centraal middelpunt. Van alledaagse beslissingen ('Ik denk dat ik vanavond de zalm met spinazie neem') tot existentiële angsten ('Wat moet ik doen als het gezwel kwaadaardig is?') vult dit gepraat onze wakkere uren. Terwijl we er de hele dag naar luisteren, gaan we geloven dat de held van dit drama moet bestaan. Maar als we mindfulness lang en vaak genoeg beoefenen, kan dit conventionele idee van eigenwaarde worden ontrafeld. [...] In werkelijkheid vinden we de kleine homunculus, de heldhaftige man of vrouw binnenin, de stabiele en coherente 'ik' die zo vaak voorkomt in onze gedachten, nooit.[5]

Hoe zou onze beleving van onszelf als ouder, onze opvoeding en ons gezin eruitzien als we ernaar kijken vanuit Anatta, het besef dat er geen ik, mij en mijn bestaat? Dat het niet mijn kinderen, maar kinderen zijn, dat het niet mijn opvoeding, maar opvoeding is, niet mijn gezin, maar gezin? Wat zou dit betekenen voor de verwachtingen die we van onze kinderen hebben? Neem bijvoorbeeld hun schoolopleiding. In hoeverre is de verwachting over de opleiding die onze kinderen zouden moeten volgen (en afmaken!) niet gebaseerd op onze eigen opleiding en de verwachtingen die onze ouders van ons hadden (en onze grootouders van hen)?

Wanneer we beseffen dat er geen zelf is, en dat onze kinderen niet van ons zijn (hoewel ze vaak genetisch materiaal met ons en onze ouders en grootouders delen), hebben we de kans om te stoppen met onszelf zo vreselijk belangrijk te vinden, onszelf (en dus onze kinderen) constant te vergelijken met anderen langs welke maatstaven dan ook, en ons werkelijk te verdiepen in wat onze kinderen waarnemen, wat hen beweegt en interesseert, wat hen drijft, behalve hun wens om aan onze verwachtingen te voldoen.

Mindful opvoeden betekent dat wij de ware aard van ons kind leren kennen, in plaats van het kind te zien als een verlengstuk van onszelf, en er de (al dan niet ingeloste) verwachtingen op te projecteren die we van onszelf hadden, en die verwachtingen van onszelf zijn waarschijnlijk weer geïnternaliseerde verwachtingen die onze ouders van ons hadden.

Wat gebeurt er als we dingen van ons kind verwachten? Ons kind wil door ons geliefd worden, en als het begrijpt dat het onze aandacht en liefde ontvangt wanneer het voldoet aan onze verwachtingen, zal het daar zijn best voor gaan doen. Schrijfster Griet Op de Beeck zegt: 'Er bestaat geen onvoorwaardelijke liefde van ouders voor hun kinderen. Er bestaat alleen onvoorwaardelijke liefde van kinderen voor hun ouders.'[6] Omdat kinderen onvoorwaardelijk van ons houden (en volstrekt afhankelijk van ons zijn) zullen ze dingen gaan doen en ontwikkelen om ons te behagen en om te voldoen aan onze verwachtingen. Daarmee lopen ze het risico om verwijderd te raken van hun ware aard, hun authenticiteit. Om met Joseph Campbell[7] te spreken: 'If we follow someone else's way, we will not reach our potential.'

De leraar Latijn van mijn dochter, René van Royen, vertelde mij eens hoe hij haar over haar faalangst heen heeft geholpen (die mijn dochter zelf trouwens ontkent te hebben). Ik was benieuwd. Hij zei: 'Nul procent overdracht!' Ik begreep het niet direct, want overdracht is een term die mij als psychotherapeut zeer vertrouwd is: patiënten projecteren gevoelens, wensen en ervaringen uit het verleden, die vaak te maken hebben met de relatie met hun ouders, op de therapeut. Van projectie kan sprake zijn wanneer men eigenschappen of emoties van zichzelf tracht te ontkennen, verbergen of verdringen door deze toe te schrijven aan iemand anders. Dat leraren ook wensen op hun leerlingen projecteren, was een nieuwe gedachte voor me. Ik keek hem waarschijnlijk enigszins verward aan. Hij legde uit: 'Ik heb geleerd om te stoppen met van alles van haar te verwachten, omdat ze zo slim is.' Ik weet niet of hij zich realiseerde welke belangrijke les hij mij op dat moment ook gaf over verwachtingen die ik op mijn dochter projecteerde.

Laten we ons bewust worden van de verwachtingen die wij koesteren van onze kinderen. En de verwachtingen die we hebben van onszelf. En de verwachtingen die onze ouders van ons hadden of hebben. En onze grootouders van onze ouders. En hoe deze verwachtingen ons hebben beïnvloed, positief en negatief. Elk kind wil gezien worden zoals hij of zij werkelijk is. Elk kind wil in het licht staan. Elk kind wil dat zijn ouders plezier hebben van de aanwezigheid en het contact met hem of haar, genieten van hem of haar, precies zoals hij is. Dat hij niet anders hoeft te zijn dan wie hij werkelijk is. Dat hij al helemaal goed is zoals hij is. Dat hij niet zijn best hoeft te doen voor de liefde van zijn ouders. Dezelfde onvoorwaardelijke acceptatie zoeken we ook bij onze partners, en zoeken onze partners ook bij ons.

Door onze gedachten te observeren, in plaats van ons ermee te identificeren, kan mindfulnessbeoefening ons er bewust van maken hoe bezorgd we zijn over onze rangorde in de groep waarmee we ons identificeren. Wie is slimmer, rijker, mooier, populairder, sportiever, beter? Wie woont in het mooiste huis, kookt het lekkerste eten, kleedt zich het best, heeft de aantrekkelijkste partner, het interessantste leven, de leukste vrienden? En als ouders: wie heeft de kinderen die zich het best gedragen in gezelschap, het slimst, rijkst, populairst, sportiefst, mooist zijn? Het probleem is dat we ons – tijdelijk – goed kunnen voelen als we ergens beter in zijn dan anderen, maar er zijn altijd domeinen waarin we minder goed zijn dan anderen, en er zijn altijd mensen die beter zijn dan wij. Het doel is niet om perfect te zijn maar om heel te zijn. Heel betekent dat we de verschillende kanten van onszelf ontwikkelen.

Wanneer ons kind erg teleurgesteld thuiskomt omdat hij niet gekozen is voor de voetbalselectie, hebben we de neiging om hem op te vrolijken met 'Maar jij bent weer beter in leren, en je bent een geweldige renner'. Beter kunnen we als ouders onze herinneringen aan ons eigen falen met hen delen, zoals een voorbeeld uit mijn eigen jeugd: 'Ik weet nog hoe ik me voelde als ik op school met gym meestal als laatste werd gekozen bij de indeling van de twee volleybalteams die tegen elkaar zouden gaan spelen. Ik voelde me klein en mislukt, en had het idee dat niemand met me wilde omgaan. Het deed echt pijn.' Op deze manier kun je echt verbinding maken met het lijden van je kind. Als ik kan voelen wat het kind dat ik toen was doormaakte en nodig had, in die gymzaal, wachtend tot ze werd gekozen, maar weer als laatste overbleef, kan ik ook voelen wat mijn kind nu doormaakt en nodig heeft.

Sterker nog: zolang we de pijn die wij als kind hebben opgelopen weghouden uit onze beleving, zullen we geneigd zijn te reageren vanuit het weghouden van onze eigen pijn, die we dreigen te herbeleven als ons kind zoiets meemaakt. Dus door tegen mijzelf te zeggen: 'Ik ben dan niet goed in volleybal maar ik ben wel slimmer dan jullie' hield ik mijn eigen pijn weg van niet gekozen te worden, en door hetzelfde nu tegen mijn kinderen te zeggen, hou ik nog steeds mijn eigen pijn weg en leer ik hun ook niet om voor hun pijn te zorgen. Het hersendeel dat actief is bij uitsluiting is hetzelfde als dat oplicht bij fysieke pijn.[8] Afgewezen worden doet pijn! Er is zelfs een wetenschappelijk afwijsexperiment gedaan waaruit bleek dat wanneer je mensen na een sociale afwijzing een aspirientje geeft, de pijn vermindert![9] Het aspirientje tegen de pijn van afwijzing of verlating is troost en steun, die je kunt vragen aan een ander maar ook jezelf kunt geven: zelfcompassie.

Bij verwachtingen denken we vaak aan te hoge verwachtingen. Maar te lage verwachtingen kunnen een kind ook hinderen in zijn ontwikkeling. Wanneer een kind interesse en ambitie heeft, bijvoorbeeld om een hogere opleiding te volgen dan gebruikelijk is in zijn of haar milieu, en ouders remmen dat af omdat ze er niet in geloven en er misschien een beetje bang voor zijn, dan zien ze het kind niet in zijn of haar ware aard. Stereotiepe verwachtingen kunnen kinderen ook schaden. Zo blijken meisjes zich in een gezin met alleen meisjes verder te ontwikkelen dan in een gemengd gezin, omdat de vader daar zijn prestatieverwachtingen meer op de jongens richt. Hetzelfde geldt voor meisjesscholen: daar doen meisjes het beter dan op gemengde scholen, omdat leerkrachten op gemengde scholen het meest van de jongens verwachten.

Experimenteel onderzoek laat zien dat zowel vaders als

moeders, wanneer hun peuterdochters of -zonen van drie jaar oud een aantal taakjes doen in het lab (bal gooien, puzzel leggen), hun zonen meer positieve feedback geven en hun dochters meer negatieve feedback, en dat terwijl de prestaties van de jongens en de meisjes op de taak even goed waren.[10] Negatieve feedback van de ouders bleek bovendien samen te hangen met meer schaamte bij de peuters tijdens het doen van de taakjes. Dit soort onderzoek laat zien hoe onze verwachtingen als ouders vertekend zijn, ook door seksestereotypen en milieu, en welke effecten deze verwachtingen kunnen hebben op onze kinderen.

Samengevat: ouders hebben de neiging allerlei verwachtingen op hun kind te 'projecteren' die niet bij de ware aard van hun kind horen en waarmee zij hun kinderen belemmeren in hun authentieke ontwikkeling. Die verwachtingen hebben te maken met onze zelfgerichtheid, en het zien van onze kinderen als een deel van ons. De verwachtingen hebben ook te maken met niet-waargemaakte verwachtingen die we van onszelf hebben of hadden, en die we via onze kinderen alsnog hopen te realiseren. De verwachtingen die we van onze kinderen hebben zijn ook vaak geïnternaliseerde verwachtingen die onze ouders van ons hadden. De verwachtingen zijn bovendien door cultuur beïnvloed, zoals door seksespecifieke verwachtingen. Kinderen zijn echter soevereine wezens die recht hebben op hun eigen ontwikkeling. We willen ze niet beperken door onze verwachtingen, om met Albert Einstein te spreken: 'If people are good only because they fear punishment, and hope for reward, then we are a sorry lot indeed.'

OEFENINGEN

Kijkmeditatie

Ga voor het raam staan of zitten, voor een kijkmeditatie van 5 minuten (zet een wekker). Neem eerst de tijd om te voelen hoe je lichaam staat of zit, en waar het contact maakt met de ondergrond. Kijk naar buiten, met een beginner's mind, alsof het voor het eerst is dat je dit uitzicht ziet. Kijk zo goed als je kunt zonder te labelen, dus niet 'vogel', 'boom', 'auto', maar vorm, licht/donker, kleur, beweging. Je kunt inzoomen op details, en dan weer uitzoomen om het grote geheel te bekijken.

Merk op of je aandacht aan bepaalde dingen blijft hangen, bijvoorbeeld omdat je ze mooi vindt, terwijl je andere dingen negeert, bijvoorbeeld omdat je ze niet mooi vindt. Laat zo goed als je kunt alle oordelen over wat mooi en lelijk is los, en beoefen gelijkmoedigheid, door alles open waar te nemen.

Merk ook op hoe je je voelt terwijl je deze kijkmeditatie doet. Je kunt je voorstellen dat je een poes bent die in de vensterbank ligt en naar buiten kijkt. Of stel je voor dat je een schilder bent, of een fotograaf, of een videokunstenaar, die dit uitzicht wil vastleggen. Maak als je wilt na afloop noties over je ervaring.

Je kunt deze kijkmeditatie deze week een aantal keer herhalen, bijvoorbeeld 5 minuten kijken naar je woonkamer met een beginner's mind. Laat elk oordeel los, dus in plaats van iets als 'rommel' te zien (wat opgeruimd moet worden) of 'vuil' (wat weggepoetst moet worden) kijk naar je kamer alsof je er een schilderij of tekening van wilt maken (je kunt dit vervolgens daadwerkelijk gaan doen!). Je kunt ook een bos bloemen 5 minuten observeren, of het uitzicht op een bankje in het park of in de stad.

Spelen of andere interactie met je kind met volle aandacht

Interacteer deze week elke dag 5 minuten met je kind met bewuste, open aandacht. Het kan gaan om samen spelen, kletsen, samen iets doen (bijvoorbeeld samen in de tuin werken of koken). Neem tijdens deze interactie een volgende en niet-sturende houding aan, dus merk op wat het kind doet en sluit daarbij aan, in plaats van zelf de leiding te nemen. Als je de neiging voelt om te sturen, merk deze neiging dan op en laat haar weer los. Denk erom dat je mobiel, laptop, iPad e.d. uit staan terwijl je deze oefening doet. Hoewel 5 minuten kort lijkt kun je deze oefening als lang ervaren, juist omdat we tegenwoordig niet meer gewend zijn 5 minuten met één ding bezig te zijn! Maak aantekeningen van je ervaringen in je schrift.

Ware-aardobservatie

Observeer je kind op verschillende momenten, terwijl het speelt, leest, hangt, sport, kletst, gamet. Wat interesseert het speciaal? Waar gaat het helemaal in op? Waar heeft het inherent plezier in? Wat drijft het?

Probeer met name momenten, activiteiten en situaties te kiezen waar je normaal juist weinig aandacht voor hebt, waar je van wegkijkt, die zich normaal buiten jouw blikveld afspelen. Denk aan dingen waar je misschien een aversie tegen hebt, zoals bepaalde computergames, of dingen waarvan je bang bent dat je ze niet begrijpt, zoals programmeren, of dingen die niet passen bij je seksetypische verwachtingen, zoals een jongen die zich als meisje wil verkleden, of momenten waarop je je niet welkom voelt of bang bent om zijn privacy te schenden, zoals wanneer je kind met vrienden is of alleen op zijn kamer.

Reflectie op verwachtingen

Welke verwachtingen hadden je ouders van jou voor zover je weet? Schrijf ze op in je schrift. In hoeverre hebben die verwachtingen je geholpen en belemmerd om je te ontwikkelen tot een heel persoon?

◆

Welke verwachtingen heb jij van je kind(eren)? Schrijf ze op. Welke last en plezier heeft/hebben je kind(eren) van deze verwachtingen? Hoe helpen en hinderen die verwachtingen je kind(eren) in hun ontwikkeling tot een heel persoon?

5 Ruzie en reparatie.
Verdiepen van de band

We repeat what we don't repair.

Christine Langley-Obaugh

Waar mensen van elkaar houden en met elkaar samenleven, is er ruzie. Broertjes en zusjes ruziën gemiddeld één keer per uur, ouders met hun puber gemiddeld één keer per dag. En als we alleen al bedenken dat veertig procent van de huwelijken in Nederland in een scheiding eindigt, kunnen we ons voorstellen hoeveel ruzie ouders hebben. Het is logisch dat mensen in een gezin ruziemaken met elkaar, want iedereen heeft eigen doelen, die vaak niet overeenkomen, waardoor het regelmatig botst. Als het doel van zus 's morgens is om te zorgen dat zij er mooi uitziet voor school waarvoor ze de rust en de ruimte van voldoende tijd in een afgesloten badkamer nodig heeft, terwijl het doel van broer is om zo lang mogelijk te slapen en dan in hoog tempo zich klaar te maken om nog net op tijd op school te zijn, en er is maar één badkamer, dan ontstaat er ruzie, over wat wij ouders wellicht ervaren als zoiets onnozels als het al dan niet op slot doen van de badkamerdeur. Is dat de reden waarom tegenwoordig twee in plaats van één badkamer bijna de standaard van een goed verbouwd huis is, terwijl het aantal mensen dat zo'n huis bewoont veel kleiner is dan vroeger, toen we met een groot gezin een eenvoudige badkamer deelden?

Ik herinner me nog hoe mijn nu volwassen kinderen toen ze jong waren samengeperst voor ons kleine zwart-wit-tv'tje zaten, ruziënd over wie wanneer wat mocht zien, en later, toen er afstandsbediening kwam (een apparaat dat ik nog steeds verfoei, omdat ik het altijd kwijt ben, en omdat we daardoor niet eens meer overeind hoeven te komen om van zender te wisselen, maar televisies zonder bestaan eenvoudigweg niet meer), ruzieden mijn kinderen over wie de afstandsbediening in handen mocht hebben. Hebben daarom tegenwoordig veel kinderen een tv op hun eigen kamer, om die ruzies te vermijden?

Onlangs was ik getuige van een heftige ruzie van mijn puberende nichtjes na een gezellige sinterklaasavond met onze hele familie, die inmiddels uit meer dan 25 mensen bestaat: moeder, broer en zussen met partners, en hun kinderen, waarvan sommigen ook al met partners. In het huisje in de bossen waar we met zijn allen sliepen (met een piepkleine badkamer, dus nog zo'n ouderwets huis...) hadden beide nichten een stopcontact boven hun bed, waarmee zij 's nachts hun mobiel oplaadden. Na de pakjesavond, waar de jongste een gezichtsmassageapparaat had gekregen, was zij voor haar oudere zus naar bed gegaan en had haar mobiel in het stopcontact boven het bed van haar zus gestoken, en haar kersverse gezichtsmassageapparaat in het stopcontact boven haar eigen bed. De ruzie die ontstond toen de oudere zus naar bed ging en de mobiel van haar jongere zus uit 'haar' stopcontact haalde, om haar eigen mobiel op te laden, duurde een uur, en werd niet echt opgelost. Als tante sliep ik in dezelfde kamer en onder de dekens luisterde ik geboeid naar de verschillende fasen van het conflict, eerst moeder erbij, daarna vader, en lang nadat de ouders weer weg waren ruzieden de meisjes nog na, totdat ze van vermoeidheid in slaap vielen.

Ik had bewondering voor de ouders, hoe zij ieder op hun eigen manier probeerden het conflict op te lossen, met hun eigen stress dealden, en hoe ze elkaar niet afvielen in het bijzijn van de kinderen (waarover meer in hoofdstuk 6 over het belang van co-parenting). Ergerden en schaamden de ouders zich voor de futiliteit van de ruzie, het heftige geschreeuw van hun kinderen in het gehorige huisje waar we met velen sliepen en hadden ze gedachten over hoe verwend hun kinderen zijn ('Al die cadeaus en is dit nu de dankbaarheid...') of op zijn minst gedachten over de gedachten die wij, de rest van de familie, daarover zouden hebben?

Ik had evenveel bewondering voor mijn nichtjes, hoe zij hun frustratie en woede konden uiten (ik vroeg me af hoe ik me zou hebben ontwikkeld als ik dat als kind had gekund, die ruimte had gevoeld, niet bang was geweest hoe mijn woedebui tot woede bij mijn ouders zou leiden, jegens elkaar of jegens ons, en hoe mijn driftaanval het gezin zou ontwrichten), en voelde ook enige jaloezie, dat zij zich blijkbaar zo veilig voelen in de wereld dat ze hun frustratie de vrije loop laten en dat iedereen het mag horen. Kortom, ruzie is gezond, en het beste wat we onze kinderen kunnen bieden is een omgeving waarin het voor hen veilig voelt in wat lijkt op onredelijke woede uit te barsten. Daarvoor moeten wij als ouders met onszelf aan het (meditatie)werk.

Ruzies kunnen soms voelen als een 'breuk' in de relatie. Maar elke ruzie is een kans om dichter bij elkaar te komen, om de relatie te laten groeien. Ik weet van mezelf heel goed het verschil tussen pedagogisch boos worden op mijn kinderen, of uit de bocht vliegen omdat ik moe of gespannen ben of in een patroon zit. Een voorbeeld waarbij ik uit de bocht vloog herinner ik me nog als de dag van gisteren. Ik was, net gescheiden, op een mooie woensdagmiddag met mijn twee kinderen van toen twee en vijf naar het zwembad. Het was een speciaal zwembad dat alleen toegankelijk was voor leden, midden in de stad, en midden in het groen, waar we jaren voor op de wachtlijst hadden gestaan en nu, na onze scheiding, hadden we het lidmaatschap eindelijk verworven. Het was een plek waar altijd vrienden en bekenden waren, van mij en van mijn kinderen. Wat hadden we het gezellig die middag, picknickend op het gras, mijn kinderen spelend met andere kinderen, zand, zon en water, wat genoot ik van hun genot. Wat was ik gelukkig en dankbaar dat dit er 'nog steeds' was, ondanks de scheiding, dit geluk, het was alsof ik het nu veel sterker kon voelen, de tijd leek stil te staan.

Toen het tijd was om naar huis te gaan (er was iets belangrijks, ik weet niet meer wat, zo belangrijk was het blijkbaar niet), deed mijn zoon, de oudste, van alles om de tijd te rekken: zich niet aankleden, weglopen, en zich verstoppen. Ondertussen moest ik mijn tweejarige dochter in de gaten houden die ook alle kanten op rende (ik was altijd bang voor verdrinkingsdood, net als mijn moeder), en voor mezelf bewijzen dat ik dit toch echt zonder man prima kon. Aan iemand vragen om even op mijn dochter te letten terwijl ik mijn zoon terughaalde kwam niet in me op, nee, ik moest dit alleen zien te redden.

Ik weet niet meer hoe, maar uiteindelijk zat ik op de fiets, dochter in het fietszitje, zoon rechts naast me op zijn eigen fiets, balancerend met alle spullen die ik aan mijn fiets had gehangen, opgelucht dat het gelukt was om ze beiden net op tijd en veilig mee te krijgen, nog steeds scheldend op mijn zoon. Plotseling fietste mijn zoon de andere kant op, gooide zijn fiets in de berm en rende weg. Ik zette mijn fiets neer, trok mijn dochter uit haar zitje, rende achter mijn zoon aan met mijn dochter in mijn armen, en schold hem uit met alle kracht die ik kon vinden. Toen ik hem eindelijk kon stoppen, huilde hij, keek me aan en zei: 'Mama, als je zo boos op me bent, dan voel ik me alsof ik niets waard ben.' Ik was stil. Wat een geschenk dat mijn zoon zo welbespraakt was om mij bewust te maken van het effect dat mijn gedrag op hem had. Hier was voor mij iets te leren, en had ik iets te repareren.

De ouder-kindrelatie en de partner- of huwelijksrelatie zijn, naast de therapeut-cliëntrelatie, volgens Jerry Lewis[1] de belangrijkste relaties waarin de persoonlijkheid van mensen kan groeien. Wetenschappelijk onderzoek en klinische praktijk laten zien dat het vormen van een sterke emotionele band met een belangrijke ander, en het repareren van de onvermijdelijke verstoringen in die band, zorgt voor persoonlijkheidsgroei, zowel bij kinderen als bij volwassenen. We kunnen ons hele leven groeien, om Vaillant te citeren: 'It is fortunate that we never become too old to internalize those whom we admire.'[2] We worden een volwassen persoonlijkheid door het 'internaliseren' van bewonderenswaardige kwaliteiten van een belangrijke andere persoon. Met internaliseren wordt bedoeld het je eigen maken van regels en gedrag, zodanig dat je ze beschouwt als van jezelf, en ze dus een onderdeel worden van je identiteit. Het vormen van een sterke emotionele band met een belangrijke ander, en het repareren van breuken, zorgt voor die internalisering. En zowel de verstoringen, als het repareren ervan, blijken daarbij cruciaal.

Attachmentonderzoek was tot voor kort gericht op de sensitiviteit en het afgestemd zijn van de moeder op haar kind, en op de synchronie van de interactie. Echter, toen onderzoekster Zeynep Biringen en haar collega's video's van moeder-baby-interacties op microniveau analyseerden, bleek slechts in een derde van de moeder-baby-interacties (die elke paar seconden wisselen, en waar moeder en baby beiden een actieve bijdrage in hebben) dat de moeder adequaat afgestemd was op de emotionele staat van de baby.[3] Geleid door de reacties van de baby op dit veelvuldig niet-afgestemde gedrag was de moeder echter in staat om in nog eens een derde van de interacties haar gebrek aan afstemming te repareren.

De onderzoekers concludeerden dat juist het bestaan van die dyssynchronie, of die mismatches, tussen moeder en baby, samen met het vermogen van de moeder om haar niet-afgestemd-zijn te repareren wanneer de baby protesteert, zorgt voor de ontwikkeling van de hechting tussen moeder en kind. De baby is wanhopig op het moment dat de moeder de baby niet begrijpt, en blij wanneer de moeder dit repareert. Door de reparatie groeit het vertrouwen in de moeder, dat de moeder kijkt en luistert naar de baby en haar gedrag kan aanpassen, en het vertrouwen van de baby in zichzelf, in zijn mogelijkheden om invloed op relaties uit te oefenen. Daarnaast concludeerden de onderzoekers overigens dat momenten van niet-afgestemd-zijn (want dat bleef dus het geval in een derde van de interacties) ook belangrijk zijn, namelijk voor het ontwikkelen van het vermogen van de baby om alleen te zijn, zichzelf te kunnen troosten.

Niet alleen in de vroege moeder-kindrelatie, maar ook later in de ouder-kindrelatie, is het hebben van breuken en het herstellen daarvan van belang. Guy Diamond en zijn onderzoeksgroep[4] bestudeerden de effecten van ernstige breuken tussen ouder en adolescent, als gevolg van trauma's of verlating, die niet opgelost waren. Zulke breuken verstoren de hechtingsrelatie tussen ouder en kind en kunnen ertoe leiden dat het kind emotionele problemen alleen moet verwerken, en niet meer op zijn ouders terugvalt. In de ergste gevallen, en daar ging het onderzoek van Diamonds groep over, wordt de adolescent suïcidaal en probeert soms daadwerkelijk zelfmoord te plegen

Diamond ontwikkelde een interventie, die 'Attachment-Based Family Therapy' heet, om ouders en hun puber te helpen om zo'n ernstige breuk te herstellen. De centrale vraag aan de adolescent was daarbij: Wat hield je tegen om met je ouders te praten toen je je zo wanhopig voelde dat je een einde aan je leven wilde maken? Deze interventie bleek heel effectief in het verminderen van depressieve symptomen en suïcidale neigingen bij de puber. Ouders denken vaak dat als hun kinderen de puberleeftijd bereikt hebben, het belangrijkste werk erop zit, en de relatie tussen ouder en puber minder belangrijk is. Niets is minder waar, juist in de puberteit, wanneer de puber zich afzet tegen de ouders en steeds autonomer wordt, is de veilige hechtingsrelatie met ouders (en juist ook met de vader)[5] en dus het repareren van breuken in die relatie cruciaal, want die veilige basis geeft het kind het vertrouwen om de wereld te gaan ontdekken en fouten te maken, wetend dat hij altijd terug kan vallen op die veilige basisrelaties.

Uit onderzoek naar partnerinteracties komen vergelijkbare resultaten naar voren als uit onderzoek naar de ouder-kindrelatie. Een serie van studies van de onderzoeksgroepen van John Gottman[6] naar de partnerrelatie laat zien hoe de fysiologische stress (de hartslag) bij beide partners stijgt wanneer echtparen in conflict zijn en weer daalt als het conflict wordt gerepareerd. Anders dan wat we vaak denken, gaat de fysiologische stress bij mannen nog verder omhoog dan bij vrouwen bij een echtelijke ruzie, mannen lijken wellicht minder aangedaan door zo'n conflict, maar hun hartslag verraadt anders.

De onderzoeksgroep van Janice Kiecolt-Glaser[7] liet hetzelfde zien, maar dan op het endocriene (hormonale) en immuun functioneren: het niet bijleggen van conflicten verslechtert dit functioneren, en is dus slecht voor onze gezondheid, terwijl het repareren van ruzies leidt tot een verbeterd functioneren van deze systemen. Conflicten tussen partners die niet gerepareerd worden hebben allerlei negatieve effecten op kinderen die die conflicten meekrijgen (en kinderen krijgen ze vaak ook mee terwijl ouders denken dat ze het niet gemerkt hebben!), zo blijkt uit het onderzoek van Mark Cummings en zijn groep.[8] Duidelijk is dat of en de mate waarin een conflict tussen partners gerepareerd wordt, en ouderlijke uitleg aan de kinderen over hoe het conflict gerepareerd is (of gaat worden), de negatieve effecten op kinderen oplossen.

Zowel het onderzoek naar vroege en latere ouder-kindrelaties als naar partnerrelaties toont dus het belang aan van frictie in relaties en van het goedmaken van ruzies.

Als ouders hebben we de neiging om niet terug te komen op conflicten, zeker als we onze kinderen weer vrolijk rond zien lopen na zo'n conflict. We denken en hopen dat ze het wel vergeten zullen zijn. We menen dat als wij er niet op terugkomen het conflict niet in het langetermijngeheugen van onze kinderen blijft hangen. Niets is minder waar. Kinderen zijn meesters in dingen wegstoppen, doorgaan, maar dat betekent niet dat het conflict niet in hun systeem zit. We veroorzaken echt schade door onredelijk uit te vallen tegen onze kinderen, wanneer we dat niet goedmaken.

Een andere reden waarom we vaak niet terugkomen op conflicten is omdat we onszelf schuldig en slecht voelen dat we ons zo hebben laten gaan. Het erkennen dat we schuldig zijn aan onredelijk uitvallen tegen onze kinderen is een heel belangrijke eerste stap in het reparatieproces, want als we onze fouten onder ogen durven zien, en ons vervolgens realiseren dat alle ouders falen, stoppen we met ons te isoleren, en kunnen we onszelf weer verbinden met ons kind. Schrijver Knausgård verbindt zich met alle andere ouders die zichzelf soms niet in de hand hebben, door zo openhartig en in detail verslag te doen van zijn momenten van overreactief ouderschap.

Wanneer ouders onredelijk boos worden of uit de bocht vliegen tegen hun kinderen heeft dat vaak te maken met stress: een conflict op het werk of met je partner, een slechte nacht, stress vanwege een project dat af moet, stress omdat je haast hebt, stress omdat je je zo'n zorgen maakt over je kind, of omdat je geschrokken bent door iets wat je kind deed of iets wat er in de omgeving gebeurde, stress omdat de leerkracht heeft gezegd dat er problemen zijn in de klas met je kind. Je onredelijke reactie kan ook het gevolg zijn van ingeslepen ouder-kindpatronen: als je al een aantal van zulke conflicten met je kind gehad hebt, zul je automatisch dezelfde reactie gaan vertonen, net als je kind, alsof het de zoveelste voorstelling is van een toneelstuk – jullie kennen je tekst!

Op een dieper niveau kan je onredelijke reactie ook te maken hebben met hoe jij bent opgevoed, en met oude trauma's. Zo sprak een van de vaders in een mindful-parentinggroep die ik leidde over hoe hij uit zijn slof kon schieten als zijn kind zich op school niet goed gedroeg, en hij zijn kind dan sloeg. Hij ontdekte toen we de gebeurtenis aandachtig ontrafelden dat zijn gedrag te maken had met zijn verleden op een schoolinternaat, waar hij zijn hele adolescentie verbleef, gescheiden van zijn ouders en broers en zussen. Op dit internaat werd hij fysiek streng gestraft als hij een regel had overtreden in de ogen van zijn leerkrachten c.q. 'professionele opvoeders'. Dat gebeurde regelmatig door zijn impulsiviteit. Uit angst dat zijn – net als hij impulsieve – zoon iets soortgelijks zou overkomen als die een regel op school zou overtreden, herhaalde vader wat hemzelf als kind zo had verwond.

Als we een conflict hebben, of dat nu met ons kind, partner, ex-partner, baas of de winkeljuffrouw is, gebeurt er van alles in ons lichaam: verhoogde hartslag, versnelde ademhaling, gespannen spieren, rood worden of zweten, allemaal tekenen van stress waarbij het hormoon adrenaline wordt afgegeven. Zoals we in hoofdstuk 1 hebben gezien stelt die stress ons in staat om via de korte route in ons brein pijlsnel te kunnen vechten (of vluchten), een overlevingsreactie die nuttig is als er werkelijk gevaar dreigt. Zo'n overlevingsreactie onder stress gaat gepaard met een vernauwde waarneming, een tunnelvisie, en een razendsnel oordeel en gedrag.

Die snelheid gaat echter ten koste van het zorgvuldig overwegen van de situatie vanuit verschillende kanten. Zo betrapte ik een keer een insluiper in mijn huis, op klaarlichte dag. Ik zat in de voorkamer te werken, keek op en zag een vreemde man staan, die me aankeek. Ik sprong op, keihard schreeuwend, hij maakte zich uit de voeten via de achterdeur en ik rende achter hem aan de tuin in, hij sprong over het tuinhek en verdween. Geen moment had ik overwogen wat de beste reactie was, mijn lichaam handelde zonder tussenkomst van denken, maar dat ik zo hard kon schreeuwen en rennen verbaasde me. En dat hij daarvan schrok en zich uit de voeten maakte, verbaasde me achteraf nog meer. Bij een conflict met ons kind is er echter zelden sprake van (levens)gevaar, maar ons lichaam, met zijn stress en afgifte van adrenaline, doet ons geloven dat dat wel zo is.

Naast de stress en de daarbij horende vecht-of-vluchtreactie is er nog iets anders wat in de weg kan zitten om een ruzie te repareren: ons ego! Het boeddhistische principe van Anatta, niet-zelf, het idee dat het zelf niet bestaat, kan hierbij helpen. Wat maakt het zo moeilijk om een ruzie te repareren door excuses aan te bieden voor ons eigen gedrag? Ons ego protesteert dan, want het betekent dat we een fout hebben gemaakt, en we hechten aan een perfect zelfbeeld. We willen een perfecte ouder zijn, we vertellen onszelf dat we dat zijn, en door aan onszelf en ons kind toe te geven dat we fout zaten klopt dat beeld niet meer. Hoe bevrijdend is dan het concept van niet-zelf, dat we ons realiseren dat al die verhalen die we onszelf vertellen over wat voor ouder (partner, werknemer, vriend et cetera) we zijn slechts onze verhalen zijn, onze constructies. Hoeveel makkelijker zou het zijn een ruzie te repareren als we ervan uitgaan dat het zelf niet bestaat, anders dan in ons eigen hoofd?

Behalve onze stress en ons ego, zit ook onze ouderrol ons in de weg bij het repareren van ruzies. Letterlijk betekent ouder: de oudere, en dus de wijzere. We denken dat we wijzer moeten zijn dan onze kinderen, maar onze wijsheid toont zich juist door toe te geven dat we niet wijs waren. We zijn misschien bang om onze autoriteit, ons ouderlijk gezag, ons respect, te verliezen als we sorry tegen ons kind zeggen. Maar respect, gezag, autoriteit zijn dingen die we moeten verdienen.

Mijn dochter deelde met mij een belangrijke les die zij leerde van haar leraar Mathijs van Zutphen op de sociocratische school. Zij waren met een groepje jongeren hout aan het rapen voor een kampvuur, en hadden niet gezien dat een deel van het verzamelde hout behoorde tot een 'hut' die de allerjongste kinderen van de school gemaakt hadden, want het leken hun immers gewoon wat losse takken. Een van die jonge kinderen ontstak in woede toen hij zag wat er met zijn 'hut' was gebeurd. De leraar kwam erbij, luisterde goed naar het kind, en besprak met de jongeren hoe zij de 'hut' weer konden herstellen. Daarna zei hij tegen de jongeren: 'Als je respect wilt krijgen, moet je respect geven.'

Bij het repareren van een ruzie met ons kind denken we dat we als ouder ons kind tegelijkertijd moeten opvoeden, een lesje moeten leren: 'Mama of papa reageerde te fel, maar jij...' De belangrijkste les die we ons kind echter kunnen leren is wat we hierboven bespraken: dat we pas als we gekalmeerd zijn de situatie vanuit verschillende perspectieven kunnen bezien, dat niemand perfect is en dat we allemaal fouten maken, ook papa's en mama's, en dat we dan, echt vanuit ons hart, onze excuses kunnen aanbieden. Doordat onze kinderen ons dat zien doen, krijgen zij een voorbeeld hoe zij dat zelf kunnen doen in hun leven. Juist omdat wij zo belangrijk zijn voor ze, is onze relatie zo'n belangrijk werkmodel voor hun relaties met anderen. Als wij al niet in staat zijn onze excuses aan hen aan te bieden voor onze fouten, hoe kunnen we dan van hen verwachten dat zij dat zullen leren?

Herstel van een breuk vraagt om begrip voor de gevoelens en verlangens van de ander, met andere woorden: om het vermogen de dingen te zien vanuit het perspectief van de andere persoon en met de ander mee te voelen. Perspectief nemen wil zeggen een situatie kunnen begrijpen vanuit het standpunt van een ander, het vermogen om je voor te stellen wat andere mensen denken, voelen en willen. Het is een vaardigheid die kinderen in hun ontwikkeling aanleren, in de interactie met anderen. Het vermogen tot perspectief nemen ontwikkelt zich overigens door tot in de jongvolwassenheid, zo blijkt uit het experimentele onderzoek van de onderzoeksgroep van Peter Fonagy[9] uit Londen, dus ook de adolescentie is een belangrijke periode in de groei van perspectief nemen. Ouders die in staat zijn de wereld te bekijken vanuit het perspectief van het kind en die gevoel hebben voor de behoeften van het kind leren hun kinderen zich te verplaatsen in het standpunt van een ander en gevoel te ontwikkelen voor de behoeften van een ander.

Voor perspectief nemen is tijd nodig. Het is *langzamer*, vraagt om de langzame route door de hersenen, waarvan de voorste hersendelen deel uitmaken. Voor het bijleggen van een conflict hebben we de dus lange route in ons brein nodig: ons frontaalbrein, waarmee we ons kunnen inleven in het perspectief van de ander, de situatie vanuit verschillende kanten kunnen zien, en de gevolgen van ons gedrag kunnen inschatten.

Het hormoon oxytocine, ook wel het knuffel- of hechtingshormoon genoemd, maakt het mogelijk om empathie en compassie te voelen, ons te verbinden met elkaar, en het perspectief van een ander te zien. Oxytocine komt vrij als we dieren aaien, elkaar aanraken, knuffelen, glimlachen, vertederd worden, borstvoeding geven, getroost worden, vrijen, maar ook als we mediteren. Waar adrenaline er dus voor zorgt dat we ons van de ander afkeren en vertrouwen op ons eigen, snelle en vaak door ons ego vertekende oordeel, zorgt oxytocine ervoor dat we ons naar de ander toekeren en ons openstellen voor het perspectief van de ander.[10]

Door ons terug te trekken uit een conflict, een adempauze te nemen, waarbij we ons bewust worden van de stress in ons lichaam, tegen onszelf zeggen: 'Het is oké, laat het me voelen!' en onszelf compassie geven, creëren we de afstand en ruimte die nodig is om de situatie van verschillende kanten te bekijken, en ons eigen perspectief en het perspectief van de ander tegelijkertijd te kunnen zien. Pas dan zijn we in staat om te reflecteren op ons eigen gedrag, onze excuses aan te bieden, een conflict uit te praten. Karl Ove Knausgård beschrijft zo'n moment waarop hij als ouder uit de bocht vliegt en de afstand die nodig is om daar met andere ogen naar te kijken:[11]

> Terwijl ik dit schrijf ben ik vervuld van tederheid jegens haar [Heidi, twee jaar oud]. Maar dat is slechts op papier. In werkelijkheid, als het er echt op aan komt en ze voor me staat, zo vroeg in de ochtend, als de straten nog uitgestorven zijn en alles stil is in huis, als zij popelt om aan een nieuwe dag te beginnen en ik de moed bijeenschraap om op te staan, mijn kleren van gisteren aan te trekken en haar te volgen naar de keuken, waar de beloofde melk met bosbessensmaak en de suikervrije muesli op haar wachten, dan voel ik geen tederheid. En als ze mijn grenzen overschrijdt en maar blijft zeuren om film te mogen kijken of probeert de kamer binnen te gaan waar John [de baby] slaapt, kortom elke keer als ze geen nee accepteert en

eindeloos blijft zeuren, komt het nogal eens voor dat mijn irritatie omslaat in woede. En als ik dan met stemverheffing tegen haar praat en zij begint te huilen, haar hoofd buigt en haar schouders laat hangen, dan denk ik: dat heb je verdiend. Pas 's avonds, als ze slapen en ik me afvraag waar ik eigenlijk mee bezig ben, is er ruimte voor het inzicht dat ze nog maar twee jaar is. Maar dan kijk ik van buiten naar binnen. Binnen heb ik geen schijn van kans.

OEFENINGEN

Loopmeditatie (track 5)

De (gezonde) gewoonte om als we ruzie hebben met iemand even 'een blokje om' te lopen, is eeuwenoud. De loopmeditatie is een meditatie die je op allerlei momenten kunt doen, achter de kinderwagen, op weg naar de printer op je werk, op weg naar de supermarkt om de hoek, als wandeling door het park, maar ook na een ruzie of een andere intense interactie of probleem waar je mee geconfronteerd wordt.

Essentieel aan de loopmeditatie is dat je aandacht niet bij het doel is (de supermarkt, de printer, het oplossen van het conflict), maar bij het lopen zelf. De prachtige titel van John Kabat-Zinns boek *Waar je ook gaat, daar ben je*,[12] illustreert dit principe. Je bent bij elke stap. Het lopen in een cirkel helpt hierbij; er is dan namelijk geen doel, geen eindpunt. Maar ook als je een traject uitzet, zoals heen en weer lopen tussen het begin en het eind van de gang van je huis, kun je je richten op het bewust ervaren van elke stap op het moment dat je hem zet, en het bewust ervaren van het omkeren.

Een loopmeditatie kun je binnen en buiten doen. De eerste keren kun je het beste binnen oefenen, omdat je dan minder afgeleid wordt door alles wat je buiten kunt horen, zien, voelen, ruiken. De eerste keer of keren is een audiobegeleiding (track 5, 10 minuten) aan te raden, zodat je niet hoeft na te denken maar gewoon de stem kunt volgen. Bij loopmeditatie buiten zet je eerst een traject uit van ongeveer 10 meter, je kunt bijvoorbeeld een tak bij het begin- en eindpunt leggen. Tussen deze twee punten loop je heen en weer. Concentreer je de eerste minuten op het bewust voelen van elke stap in je lichaam, en van je voetzolen op de grond. Als je enigszins gesetteld bent, kun je je aandacht uitbreiden van het ervaren van elke stap naar je omgeving. Als iets je aandacht trekt kun je daar even bij stil blijven staan, en daarna verder lopen.

Een loopmeditatie kan korter of langer duren. Op retraites duren loopmeditaties doorgaans 45 minuten, je kunt wel nagaan hoe vaak je dan heen en weer loopt op hetzelfde pad! Je kunt natuurlijk ook loopmeditatie beoefenen tijdens een langere wandeling, maar de essentie blijft dat je loopt zonder doel, dat het niet om het eindpunt gaat maar om de weg.

Reparatie in voorstelling

Ga gemakkelijk zitten, op je meditatiekussen, meditatiebank of een stoel, en richt je aandacht op hoe je lichaam in deze houding voelt. Voel waar je lichaam contact maakt met de stoel, het kussen, de bank en de grond. Volg een paar ademhalingen met volle aandacht.

Als je er klaar voor bent laat je een situatie naar boven komen waarin je heel boos was op je kind (of (ex-)partner of iemand anders die je na staat) en waarover je ontevreden bent als het gaat om je eigen gedrag, omdat je bijvoorbeeld vond dat je te boos werd. Stel je het conflict zo helder mogelijk voor, alsof je het nu meemaakt. Waar was je? Met wie was je? Wat deed je of zei je? Wat deed/deden of zei/zeiden de ander/anderen? Wat voelde je? Wat merkte je in je lichaam? Welke gedachten gingen er door je hoofd? Wat was je geneigd om te doen?

Wanneer je een levendig beeld van het conflict hebt, verplaats je je aandacht naar dit moment, naar dit zitten. Wat voel je nu in je lichaam, welke emoties zijn er, welke gedachten gaan er door je heen, welke actieneigingen? Kun je mededogen voelen voor de toestand waarin jij nu bent? Wat je ook voelt, zeg tegen jezelf: 'Het is goed, laat ik het maar voelen...' Verwelkom iedere emotie die bovenkomt, of het nu angst, verdriet, woede of pijn is.

Ga vervolgens met je aandacht naar je ademhaling, naar de beweging van de ademstroom in je lichaam... volg met volledig bewustzijn minimaal drie ademhalingen... verruim je bewustzijn tot het je hele lichaam omvat, zoals het hier zit... je ademende lichaam.

Geef jezelf de compassie die je nu nodig hebt, je kunt twee handen op je hartstreek leggen, of jezelf omarmen. Je kunt iets tegen jezelf zeggen als: 'Dit is een moment van lijden. Ik verbind me met alle andere mensen die een conflict hebben en lijden. Laat ik lief zijn voor mezelf.'

Verplaats je aandacht wanneer je daaraan toe bent zo

goed als je kunt naar degene met wie je in conflict bent: je kind, partner of andere persoon. Hoe voelt die ander zich? Welke gedachten zou die ander hebben? Welke verlangens? Kun je jezelf toestaan te voelen wat je voelt... en ook die ander laten voelen wat hij of zij voelt? Kun je niet alleen toestaan dat jij je voelt zoals je je nu voelt, maar ook toestaan dat de ander voelt wat hij of zij voelt... boos is... verdrietig... gekwetst... bang...? Kun je hem of haar zeggen dat het goed is, wat hij of zij ook voelt...? Kun je de ander begrijpen vanuit zijn of haar perspectief? Kun je mededogen voelen voor de toestand waarin die ander zich nu bevindt?

Wat zou je vanuit wat je nu begrijpt tegen die ander willen zeggen? Kun je je trots loslaten en je, echt vanuit je hart, verontschuldigen voor wat je fout deed? En dit doen zonder... 'maar jij'?

Verontschuldig je in je voorstelling en word je ervan bewust hoe dit voor jou voelt... misschien kwetsbaar... en voor de andere persoon.

Reparatie in de praktijk

Beoefen na een conflict met je kind, je partner, en anderen in je nabije omgeving, reparatie, en speciaal bij conflicten waar je niet tevreden was over je eigen gedrag. Neem na een conflict de tijd en ruimte om eerst zelf te herstellen, en je stress te laten zakken. Hierbij kan een loopmeditatie helpen, of jezelf compassie geven (zie hoofdstuk 2). Het heeft geen zin om aan de reparatie te beginnen wanneer je nog boos en gespannen bent, soms is 3 minuten mediteren genoeg, maar het kan ook 30 minuten, 3 uur, 3 dagen of 3 weken zijn. Soms duurt het 3 jaar voor iemand in staat is om op een conflict terug te komen!

Oefen het repareren wanneer dat je helpt eerst in je voorstelling (zie hierboven) voordat je het werkelijk gaat doen, en zorg ervoor dat je je 'maar jij...' niet uitspreekt. Laat elke verwachting over de uitkomst los, het gaat om het oefenen van sorry zeggen, van het loslaten van je trots, van het accepteren dat jij net als iedereen een mens bent, een mens die fouten maakt en anderen pijn doet. Bedenk hoe belangrijk het repareren is voor de ontwikkeling van de band met degene met wie je een conflict had. Bedenk hoe jij een voorbeeld geeft aan je kind door zelf in staat te zijn je excuses aan te bieden. Bedenk hoe de persoonlijkheid van je kind kan groeien door de ervaring van het herstellen van de relatie. Maak notities over je ervaring in je schrift, vooral over hoe het jou deed voelen.

Als je er nog niet aan toe bent om je excuses aan te bieden, maak dan notities over wat het zo moeilijk maakt, en geef jezelf compassie.

6 Samen ouder zijn in goede en slechte tijden

> *Het nucleaire gezin is zeer klein. Er is niet genoeg lucht om te ademen. Wanneer er problemen zijn tussen de vader en de moeder is er voor het kind geen ontsnappen aan. Dat is een zwakte van onze tijd. Een gemeenschap waarin mensen bijeen kunnen komen als broers en zussen in de dharma en waar kinderen een aantal ooms en tantes hebben, is geweldig.*
>
> Thich Nhat Hanh[1]

Thich Nhat Hanh verwoord in dit citaat heel mooi wat het nadeel van het hedendaagse nucleaire gezin is: wanneer de ouders problemen met elkaar hebben is er voor de kinderen geen ontsnappen aan. Hij gaat verder in deze lezing over de gemeenschap als gezin en het opvoeden als dharmadeur met: 'Beide partners in het koppel moeten zichzelf beschouwen als de tuinman, de ouder, van de ander.' Wanneer partners elkaar helpen en elkaar respecteren, dan creëren ze een veilig nest voor hun kinderen. Immers, wanneer kinderen weten dat de ouders voor elkaar zorgen, dan ligt die zware taak niet bij hen. Wanneer kinderen merken dat hun ouders elkaar respecteren, dan leren zij hun ouders, en ook zichzelf, te respecteren. Wanneer de kinderen voelen dat hun ouders elkaar steunen, dan kunnen zij zich afzetten, in het vertrouwen dat als een van de ouders hen niet aankan, de ander te hulp zal schieten.

Het begrip 'co-parenting' wordt geassocieerd met een ouderschapssituatie waar twee ouders samenwerken om een kind op te voeden terwijl ze uit elkaar zijn. Co-parenting betekent echter samen ouder zijn als een team, waarbij ouders elkaar expliciet steunen in hun ouderschap in aanwezigheid van het kind en elkaar niet afvallen waar het kind bij is.[2] Hierdoor voelt het kind zich veilig, want er is een team dat over het kind waakt en waar het op kan leunen en zich tegen kan afzetten. Wanneer ouders elkaar steunen voelt het kind dat hij 'heel' is, want hij is immers het product van deze vader en moeder, en als deze mensen elkaar onderuithalen, verscheuren ze de identiteit van hun kind. Wat ouders die in een ernstig conflict met elkaar zijn, zich vaak niet realiseren is dat juist door de relatie tussen het kind en de andere ouder te eren, de ouder de eigen relatie met het kind bevordert.

Niet alleen voelt het kind zich veilig als zijn co-ouders elkaar steunen en respecteren, ook ouders zelf voelen zich veilig als ze gesteund worden door de co-ouder. Veel onderzoek laat zien hoe belangrijk de kwaliteit van de co-parentingrelatie tussen de beide ouders is voor de kwaliteit van de relatie met het kind en de opvoedingsvaardigheden van beide ouders tegenover het kind. Wanneer een ouder gesteund wordt of zich gesteund voelt door de andere ouder (en ik kan niet genoeg benadrukken dat gescheiden ouders dit net zo goed, zij het op andere manieren, kunnen doen als ouders die samen zijn), dan heeft dit positieve effecten op de kwaliteit van zijn of haar ouderschap. Bij ouders die in een scheiding verwikkeld zijn, storten de opvoedingsvaardigheden tijdelijk in, en die herstellen zich weer als de scheiding (goed) afgewikkeld is,[3] zo blijkt uit onderzoek.

Wanneer ouders in conflict zijn of ontevreden over hun partnerrelatie, hebben ze de neiging om te close met hun kind te worden, dan wel zich terug te trekken uit de relatie met hun kind. Vaak is het de moeder die te close wordt en de vader die zich terugtrekt, maar het kan ook andersom. De kwaliteit van de co-ouderrelatie, dus van het samen ouder zijn, beïnvloedt dus de kwaliteit van het ouderschap. We doen er daarom verstandig aan om niet alleen maar aandacht te besteden aan de kwaliteit van ons eigen ouderschap en de relatie met onze kinderen, maar ook aan de relatie tussen ons en de andere ouder(s) of andere co-opvoeders.

Als gescheiden ouder heb ik heel bewust gebruikgemaakt van de positieve effecten van steunende co-parenting, zelfs in fasen van de scheiding waarin we als exen nauwelijks contact met elkaar wilden hebben. Als mijn puberkinderen dronken thuiskwamen en ik me zorgen maakte over hun alcoholgebruik, dan zei ik ze dat ik het met hun vader zou bespreken, en deed dat ook, of ik zei dingen als 'Je vader en ik vinden dit gedrag onacceptabel'. Ik voelde me dan als single ouder onmiddellijk sterker, doordat ik, voor mijzelf de steunende co-ouder en voor hen de aanwezige en betrokken vader in beeld bracht, en ik merkte aan mijn kinderen dat de boodschap dan meer indruk maakte. Toen mijn dochter me belde dat ze haar eindexamen gehaald had, fietste ik naar huis en kocht onderweg een grote bos bloemen en schreef op het kaartje: 'Gefeliciteerd!! Mama'. Ik dacht nog even na en zette toen 'Papa en' voor 'Mama'. Toen ik haar de bos gaf zag ik haar een traan wegpinken bij het lezen van de 'Papa en Mama'-tekst, en realiseerde me hoe belangrijk het was dat ik mijn verongelijktheid tegenover mijn ex opzij kon zetten: we waren en bleven samen de vader en moeder van deze prachtige kinderen!

Goed zorgen voor de co-parentingrelatie, en de andere ouder eren, komen dus je ouderschap, en dat van de andere ouder, ten goede. Ouders denken vaak dat het slecht is voor hun kinderen om getuige te zijn van hun conflicten. Mark Cummings doet al tientallen jaren onderzoek naar effecten van ouderlijke ruzie op kinderen. Zijn studies[4] laten zien dat niet ruzies zelf schadelijk zijn voor de kinderen, maar het niet oplossen van die ruzies in het bijzijn van de kinderen. De ruzie-en-reparatieoefening uit het vorige hoofdstuk is daarbij een belangrijk hulpmiddel: bied je partner je excuses aan als je je misdragen hebt in een ruzie, en laat je kinderen dit zien als ze getuige zijn geweest van het conflict. We denken vaak dat de kinderen het conflict alweer vergeten zijn, maar dat is schijn. Kinderen vinden het moeilijker dan volwassenen om zelf hun ouders te vragen waar die ruzie nu over ging en of het weer goed is, wellicht uit angst om hun ouders te belasten, dus hun stilte betekent niet dat ze zich geen zorgen maken of niet onder ouderlijke conflicten lijden.[5] Het gaat om het loslaten van je trots en ego, en werkelijk vanuit jezelf excuses aanbieden aan je co-ouder voor datgene waar jij ontevreden over was in jouw gedrag, waar je kind bij is als die getuige is geweest van het conflict, en zonder 'ja, maar'.

Ouders zijn complementair, ze vullen elkaar aan, en het is belangrijk dat ze zien wat het kind van de andere ouder beter kan krijgen of leren dan van hem/haarzelf. Al tien jaar onderzoek ik met mijn onderzoeksgroep de unieke rol van de vader in de ontwikkeling van kinderen, speciaal in het overwinnen van angst en het ontwikkelen van zelfvertrouwen.[6] Vaders en moeders hebben zich evolutionair anders gespecialiseerd: moeders in troosten en voeden, in het sensitief aanvoelen van het kind en in het helpen ontwikkelen van sociale vaardigheden zoals empathie, en vaders in uitdagend spel en competitie.

Daarom kan het zijn dat vaders moeders als overbeschermend ervaren, terwijl moeders vaders als onverantwoordelijk ervaren. Als moeder het kind expres laat winnen, terwijl vader zijn uiterste best doet om het kind te laten verliezen, dan vindt vader dat moeder van het kind een watje maakt, terwijl moeder vindt dat vader net een groot kind is. Maar het kind heeft beide kanten nodig voor zijn ontwikkeling. Beide ouders reageren vanuit hun eigen evolutionaire instincten en kijken dus ook zo naar elkaars gedrag. Mindful opvoeden betekent dat je niet alleen zonder oordeel naar je kind kijkt, maar ook zonder oordeel naar de andere ouder, en naar zijn of haar contact met het kind. Dit betekent niet dat je nooit mag oordelen, maar dat je je oordeel uitstelt, en met onbevooroordeelde frisse aandacht naar de andere ouder kijkt. Sta open voor wat het kind van de andere ouder nodig heeft en ontvangt.

Ouders die zich gesteund voelen door de andere ouder blijken betere opvoeders te zijn.[7] Het is daarom belangrijk dat je allereerst beseft dat je het niet alleen kunt, en ook niet alleen hoeft te doen, dat je zorgt dat je gesteund wordt, door steun te vragen, en door de steun die je krijgt ook werkelijk op te merken, als steun kunt ervaren en ontvangen van je partner of ex-partner, of andere co-opvoeders. Het tonen van eigen kwetsbaarheid aan de co-ouder helpt om gesteund te worden door die andere ouder. Praat over wat je moeilijk vindt in de opvoeding en in het contact met het kind, waar je onzeker over bent, wat je zwaar vindt, wat je niet weet, wat je (nog) niet kunt. Heb ook aandacht voor wat de andere ouder van jou nodig heeft om een goede ouder te kunnen zijn, welke steun, bevestiging, hulp, en maak het veilig voor de andere ouder om met je te delen wat hij of zij moeilijk vindt aan het opvoeden van dit kind.

Hoewel onze mindful-parentingtraining, zoals wij die geven aan groepen ouders, niet gericht is op de co-ouderrelatie, maar op de relatie van hun kind en hun ouderschap, laat ons onderzoek naar 86 ouders die de training volgden zien dat het beoefenen van mindful parenting een positief effect heeft op de co-ouderrelatie.[8] De ouders vulden een co-parentingschaal[9] in, acht weken voor aanvang van de mindful-parentingtraining, vlak voor de training, onmiddellijk na de achtweekse training, en acht weken later bij de follow-up. In deze vragenlijst wordt zowel openlijke co-parenting gemeten (het gedrag van de ouder tegenover de andere ouder wanneer de ouders en het kind samen zijn) als bedekte co-parenting (wanneer de ouder alleen met het kind is, hoe de ouder dan de aanwezigheid van de andere ouder erbij haalt en praat over de andere ouder).

Er werden drie co-parentingdimensies gemeten: hoe de ouder een gevoel van samenzijn tussen gezinsleden bevordert, hoe de ouder de andere ouder onderuithaalt, en hoe de ouders het oneens zijn en ruzie hebben waar het kind bij is. Op alle drie dimensies waren er verbeteringen na de mindful-parentingtraining, maar de grootste verbeteringen betroffen het minder oneens zijn en ruzie met elkaar hebben waar het kind bij is. Interessant was dat op een vragenlijst naar de kwaliteit van de partnerrelatie, inclusief conflict tussen partners, geen verbetering merkbaar was door de mindful-parentingtraining, dus het is expliciet de co-ouderrelatie die verbetert door mindful opvoeden.

Of ouders nu bij elkaar zijn of niet (meer), ze scheiden nooit echt omdat ze een levenslange band houden door het kind dat ze samen verwekt hebben. Ze zullen altijd samen de ouders van dit kind zijn, en straks de grootouders van de kleinkinderen. Nancy Bardacke, de ontwikkelaar van Mindfulness-based Child Birthing and Parenting,[10] bedacht een prachtige meditatie voor aanstaande ouders.[11] Ze vraagt de aanstaande ouders om tegenover elkaar te zitten en elkaar aan te kijken. Dan zegt ze: 'Kijk naar de persoon tegenover je. Deze persoon heb jij uitgekozen om nu samen dit kind mee op de wereld te zetten. Hoe je je ook voelt over deze persoon, nu en in de toekomst, en wat er ook gaat gebeuren in jullie beider levens, en in jullie relatie, en of jullie bij elkaar zullen blijven of niet, deze persoon zal altijd de ouder zijn van het kind dat nu aan het groeien is en weldra ter wereld zal komen en ooit de grootouder van de eventuele kinderen van jullie aanstaande kind.' De verbintenis die ontstaat wanneer we een kind op de wereld zetten is voor altijd. Door de andere ouder echt te zien, en diep te beseffen wat deze verbintenis betekent, zullen we ons wellicht een beetje benauwd gaan voelen, maar het zal ons tegelijkertijd helpen met onze intentie om zo goed als we kunnen voor deze co-ouderrelatie te zorgen, in voor- en tegenspoed!

OEFENINGEN

Keuzeloos-gewaarzijnmeditatie (track 6)

Je hebt een zitmeditatie met aandacht voor de ademhaling en het lichaam geoefend na hoofdstuk 1, een bodyscan na hoofdstuk 2, een zitmeditatie met aandacht voor geluiden en gedachten na hoofdstuk 3, een kijkmeditatie na hoofdstuk 4, en een loopmeditatie na hoofdstuk 5. Bij al deze meditaties was er een bepaalde focus: adem, lichaam, geluiden, gedachten, beelden, de sensatie van lopen. In de keuzeloos-gewaarzijnmeditatie is er geen focus, maar observeren we van moment tot moment waar de aandacht naartoe getrokken wordt, van een afstandje. Zet een wekker na 10 minuten, of zet track 6 op. Doe deze oefening bij voorkeur elke dag, een week lang.

Ga zitten in meditatiehouding en richt je aandacht eerst op je houding, waar je lichaam contact maakt met de ondergrond, en op je ademhaling, tot je je meer gesetteld voelt. Laat dan je aandacht los en kijk waar je aandacht naartoe gaat. Je kunt steeds een notitie in je geest maken waar de aandacht is: 'plannen', 'kriebel', 'geluiden', 'pijn'. Wees je bewust van waar je aandacht is, zonder je te ver mee te laten voeren. Als je je te veel overspoeld voelt kun je altijd je aandacht richten op het volgen van je ademhaling of het voelen van je zitvlak, en als je weer gesetteld bent weer terugkeren naar keuzeloos gewaarzijn.

Maak daarna als je wilt wat aantekeningen.

Co-parentingobservatie-oefening

Kies een moment uit waarop je partner/de andere ouder met je kind bezig is, bijvoorbeeld het kind aankleden, spelen met het kind, samen koken, helpen bij het huiswerk, naar bed brengen et cetera. Je kunt iets kiezen waarvan je vindt dat je partner dat heel goed doet met je kind, maar je kunt ook iets kiezen waarin je je partner minder vertrouwt met je kind, of hem/haar minder goed vindt.

De uitnodiging is om in het moment, bewust en zonder oordeel je aandacht te richten op hoe je partner/de andere ouder met het kind omgaat, en hoe het kind op hem/haar reageert. Merk op of er gedachten of oordelen omhoogkomen ('wat lief' of 'pas op!'), gevoelens (blijdschap of angst, irritatie), of actieneigingen (mee willen doen, weggaan of het willen overnemen) en laat zo goed als je kunt deze actieneiging weer los, en blijf observeren. Doe dit ongeveer 5 minuten.

Wanneer je het moeilijk vindt om deze oefening te doen omdat je gescheiden bent en de andere ouder niet of nauwelijks in interactie ziet met je kind, bedenk dan een manier waarop je dit kunt organiseren. Vraag bijvoorbeeld of je de volgende keer dat je je kind komt ophalen wat langer kunt blijven om gezamenlijk een gezelschapsspel te spelen (en observeer dan de interactie tussen je kind en je ex), of vraag of je kunt kijken terwijl je ex het elftal van je kind coacht of met je kind muziek maakt et cetera.

Co-parentingschrijfoefening:

Bedenk wat de andere ouder je kind te bieden heeft, en schrijf dit op in je schrift. Hieronder een voorbeeld.

> *Hij speelt gitaar met ons kind, stimuleert haar boeken te lezen door regelmatig met haar naar de bibliotheek te gaan (en geeft dan suggesties welke boeken te kiezen), hij daagt ons kind uit om moeilijkere uitdagingen aan te gaan, debatteert met haar, laat haar dingen alleen doen waar ik haar nog te jong voor vind et cetera.*

Hoe laat je nu al merken aan de andere ouder dat je waardeert wat hij biedt aan jullie kind? Hoe toon je nu al je dankbaarheid daarvoor? Hoe steun je nu al de andere ouder in het ontwikkelen van die kwaliteiten?

> *Ik maak video-opnames wanneer ze samen spelen en zingen, ik vertel hem dat ik het waardeer dat hij ons kind helpt met het huiswerk.*

Bedenk nieuwe manieren hoe je aan de andere ouder kunt laten merken hoe blij je bent met wat die jullie kind biedt (nieuwe zinnen, nieuw gedrag), nieuwe manieren waarop je hem of haar bevestigt in zijn of haar ouderschap.

> *Ik zou hem vaker kunnen zeggen hoeveel ons kind van hem opsteekt, ik zou een gitaarboek kunnen kopen voor vader en kind om samen liedjes uit te spelen, ik zou hem kunnen zeggen hoe blij ik ben dat hij ons kind heeft leren schaatsen en vragen hoe hij dat heeft gedaan.*

Liefdevolle vriendelijkheidsmeditatie van binnen naar buiten

Doe een liefdevolle vriendelijkheidsmeditatie, waarbij je eerst jezelf, dan je kind, dan je partner of een andere dierbare en dan je eventuele ex-partner of iemand anders over wie je negatieve gevoelens hebt het beste wenst. Belangrijk is dat je niets speciaals verwacht, je hoeft je niet liefdevol te voelen tegenover die ex of vijand, het gaat erom dat je de intentie hebt om die wensen uit te spreken aan deze persoon.

Zorg dat je comfortabel zit of ligt, en sluit je ogen. Word je bewust van je lichaam zoals je hier nu zit of ligt, en van je ademhaling. Breng je aandacht naar jezelf. Richt je niet op wat je wel of niet leuk vindt aan jezelf, maar geef aandacht aan het feit dat je een mens bent, die leeft... en ademt... die lijdt. En wens jezelf* het goede** toe:

Dat ik gelukkig mag zijn (moge ik gelukkig zijn).
Dat ik vredig mag zijn (moge ik vredig zijn).
Dat ik vrij mag zijn van lijden (moge ik vrij zijn van lijden).

---

* Als je het moeilijk vindt om jezelf vriendelijke dingen toe te wensen, kun je het volgende doen: wens vriendelijke dingen aan jezelf als een kwetsbaar kind (zie hoofdstuk 10 over schema's). Als het helpt, kun je jezelf 'Kleine [JOUW NAAM]' noemen. Wens eerst vriendelijke dingen aan je kind, een geliefde persoon of huisdier.

** Je mag hier andere zinnen voor in de plaats zetten, het gaat om drie positieve zinnen, over universele dingen die je jezelf en anderen toewenst. Een paar voorbeelden van variaties: Dat ik veilig en beschermd mag zijn. Dat ik gelukkig mag zijn. Dat ik vrij mag zijn. Dat ik vredig mag zijn. Dat ik met gemak en vriendelijkheid mag leven. Dat ik van mezelf mag houden precies zoals ik ben. Dat ik mezelf mag accepteren zoals ik ben.

Laat de zinnen bezinken, zoals een steen die je in een put gooit, en merk alle reacties op...

Herhaal de bovengenoemde zinnen voor de volgende personen:

1) Je kind
2) Geliefd persoon, zoals partner of mentor, andere dierbare, of een huisdier
3) Je ex-partner of een ander persoon met wie je moeilijkheden hebt ondervonden

7 Grenzen stellen.
Waar ik ophoud en jij begint

Ik denk aan een grens als de lijn die je om je heen tekent om aan te geven waar jij eindigt en waar je kind begint.

Debbie Pincus

In honoring our children's sovereignty, we make it possible for them to show themselves in their 'true seeming' and find their own way.

Myla & Jon Kabat-Zinn[1]

Ouders staan voor de fundamentele maar moeilijke taak om hun kinderen de regels en waarden bij te brengen die nodig zijn om in de maatschappij te functioneren, en tegelijkertijd de drang van hun kinderen te koesteren om zichzelf uit te drukken en hun unieke interesses en capaciteiten te ontwikkelen. Tegenwoordig lijkt het of ouders steeds meer moeite hebben om hun kind grenzen te stellen om ze zo die regels bij te brengen. Ik stond laatst bij de groenteman, waar een jong kind met de handjes in de tomaten aan het wroeten was en er een in de mond stak. 'Ach lieverd,' zei de moeder, 'hou jij zo van tomaatjes, dan kopen we een hele zak!' Is dit mindful parenting? De moeder had juist geobserveerd dat haar kind van tomaatjes houdt, maar dit was ook een prachtige kans om uit te leggen dat het kind in een winkel niet zelf dingen mag pakken, laat staan opeten.

Of het nu om tomaatjes of snoepjes gaat, ouders dienen hun kinderen de regels van de maatschappij te leren (althans als ze die regels delen), en de frustratie die die regels opleveren te helpen verdragen. Als de moeder had gezegd: 'Dingen uit de winkel zijn om te kopen en niet om op te eten!', de rest van de tomaat had afgerekend maar niet meer aan het kind had gegeven, en geen zak tomaatjes gekocht had, had het kind zich wellicht geschaamd en in ieder geval gefrustreerd gevoeld in het eten van de tomaat, en was wellicht boos geworden op de moeder. Het verdragen van de schaamte die volgt op het overtreden van een regel en daarover (publiek) gecorrigeerd worden, en de frustratie en woede die volgt op het niet kunnen doen wat het wil, is een belangrijke les of ontwikkelingstaak voor het kind.

Waarom onthoudt de moeder haar kind deze les? Vermoedelijk heeft dit met 'parental experiential avoidance' te maken: de moeder vermijdt dat het kind zich gaat schamen of zich gefrustreerd gaat voelen en boos wordt. Wat er achter dit vermijdingsgedrag zit, daar kunnen we alleen maar naar gissen, dat zal deze moeder zelf moeten uitzoeken.

Het kan zijn dat ze zelf pijnlijke herinneringen heeft aan schaamtevolle situaties, dat ze sociale angst heeft en bang is dat haar kind dit ook zal krijgen, en daarom schaamte-ervaringen probeert weg te houden voor haar kind. Het kan zijn dat ze bang is dat ze zich schaamt als haar kind publiekelijk een woedebui krijgt, denkt dat anderen haar dan een slechte ouder zullen vinden, en daarom het kind zijn zin geeft. Wellicht is ze totaal uitgeput, heeft haar kind vanochtend al verschillende woedebuien gehad, en voelt zich niet in staat om nog een woedebui van haar kind te verdragen. Het kan zijn dat ze zich schuldig voelt als ze haar kind begrenst. Misschien is ze opgevoed door een agressieve vader en is ze daardoor bang voor agressie, zelfs van haar eigen peuter. Misschien neemt ze de boosheid van haar peuter persoonlijk, en realiseert ze zich niet dat dit boosheid tegen de maatschappij is, waarin iedereen zich aan bepaalde regels moet houden. Misschien is ze net gescheiden en is ze bang dat als ze haar kind niet zijn zin geeft, hij liever bij zijn vader wil wonen. Wellicht zijn haar grenzen door anderen overschreden waardoor ze moeite heeft grenzen te stellen. Misschien doet ze gewoon zo haar best een liefdevolle ouder te zijn dat ze denkt dat er geen breuken in de relatie mogen bestaan. Of ze adoreert haar kind zo sterk dat het kind in haar ogen niets fout kan doen. Wat de reden ook is, de moeder heeft hier een moment gemist om haar kind een belangrijke les te leren!

In het gezin waar ik opgroeide was creativiteit een belangrijke waarde. Elk huis waarin wij hebben gewoond had een aangebouwd atelier, waar mijn moeder werkte, maar waar wij elk moment van de dag welkom waren om te tekenen, verven, kleien, drukken, spinnen, handwerken of naaien. Al het materiaal in het atelier stond ongelimiteerd tot onze beschikking, en tot de beschikking van al onze vrienden. Er werd nooit gewaarschuwd dat het geen rommel mocht worden, en na afloop ruimden we zelf onze spullen op. Ik koester warme herinneringen aan al die blije speel-/werkuren in die ateliers, met op de achtergrond de klassieke muziek van mijn moeder.

Ik herinner me dat er vriendjes in het atelier kwamen spelen die dan impulsief een hele tube lijm of verf leegknepen, of wegrenden als we gingen opruimen, en hoe geschokt ik daardoor was: de waarden dat we zuinig moesten zijn op het materiaal, dat we altijd vrijelijk mochten gebruiken, maar niet mochten verspillen, en dat we zelf opruimden na afloop, waren op ons duidelijk overgebracht, waren 'geïnternaliseerd'.

Daarnaast ervoer ik altijd de diepe aandacht van mijn moeder voor onze creatieve uitspattingen, haar aanwezigheid, beschikbaarheid, tijd, rust en geduld om ons te helpen en dingen voor te doen, en haar oprechte interesse in wat wij maakten. Zij hield van elk van de vijf kinderen plakboeken bij waar ze onze tekenontwikkeling volgde van babytijd tot het einde van de puberteit, en bij alle tekeningen stonden de datum en enkele notities over de tekening, vaak de titel die wij erbij genoemd hadden. Deze plakboeken zijn unieke documenten van onze cognitieve, creatieve en psychologische ontwikkeling: onze dromen, interesses, angsten en fascinaties. Ik denk dat ik de combinatie van vrije ruimte en aandacht voor creativiteit gecombineerd met duidelijke waarden en grenzen het meest geslaagde stuk van mijn opvoeding vond. Ik vraag me vaak af hoeveel tijd kinderen nu nog tekenend, schilderend, knutselend en naaiend doorbrengen, sinds tv's en computers zo'n belangrijke rol in ons leven zijn gaan spelen, en wat ze daardoor missen.

In de opvoeding van mijn kinderen vond ik grenzen stellen een hele opgave. Als mijn kinderen weer een hut gingen bouwen, en dan alle lakens van de bedden trokken en uit de kasten haalden, terwijl ze zelf nog niet in staat waren die lakens netjes weer op te vouwen, en het huis in korte tijd veranderde in één grote ravage, was ik geneigd dit altijd goed te vinden, omdat ik zag hoeveel lol ze hadden en hoe creatief het bouwen zelf en het fantasiespel daarna in die hut was.

Pas toen ik dankzij meditatie stilstond bij mijn eigen fysieke en mentale staat stond ik mezelf toe dat ik soms niet wil dat de kinderen een hut bouwen, omdat ik op dat moment niet de energie heb om hen te helpen de boel daarna weer op te ruimen, of omdat het al zo laat is dat ze niet genoeg tijd meer hebben om met de hut te spelen, laat staan de hut weer op te ruimen. Ik leerde hun de regel dat ze mij om toestemming moesten vragen voordat ze een hut gingen bouwen, en dan nam ik even de tijd om bij mezelf na te gaan of dat niet alleen voor de dagplanning maar ook voor mij oké was, gezien hoe ik me op dat moment voelde.

Ook leerde ik dat het beter is om niet te veel nee te zeggen, om altijd even te pauzeren voordat ik nee zeg, om te voelen of dit 'nee' belangrijk genoeg voor me is om ook echt vol te houden als dat tot veel teleurstelling of een driftbui zou leiden. En soms bleek het juist de uitdaging om het 'nee' in te slikken en met een volmondig 'ja' mee te gaan. Eén keer kwam ik het terras op lopen waar mijn zoon en dochter aan tafel zaten te schilderen, ieder op een groot vel papier. Het papier van mijn dochter was vol en zij was verdergegaan met haar schilderwerk op een klein stukje van de witte terrasmuur waar de tafel tegenaan stond. Hoewel mijn eerste impuls was om nee te zeggen, keek ik nog iets langer naar haar terwijl ze schilderde, en stelde voor dat ze de hele muur konden beschilderen als ze wilden. Ze haalden hun vriendjes en vriendinnetjes uit de straat op en een groep kinderen stond en zat de rest van de dag te schilderen op de terrasmuur, sommigen op een ladder. Nog jaren heb ik van alle afbeeldingen op de muur genoten!

Kinderen begrenzen is noodzakelijk voor hun socialisering. Er is veel psychologisch onderzoek gedaan naar de effecten van adequaat grenzen stellen door ouders. In wetenschappelijk onderzoek in een lab wordt het stellen van grenzen door ouders getest met taken zoals de volgende:[2] ouder en jong kind moeten wachten in een verder lege ruimte, waar een voor de leeftijd van het kind aantrekkelijk voorwerp staat, zoals een mooi gekleurde xylofoon of een keyboard. De ouder krijgt de instructie om te doen wat hij of zij thuis ook doet om te voorkomen dat het kind het aantrekkelijke object aanraakt of erop speelt.

Ouders die mindful grenzen stellen blijken duidelijk over het verbod, waarbij ze naast hun heldere verbale en lichamelijke aanwijzingen waarmee ze dit verbod communiceren hun kind helpen het verbod te accepteren met afleiding, redeneren, en responsief gedrag door empathie te tonen voor wat hun kind voelt en wil met betrekking tot het verboden voorwerp. Ze gaan een eventuele strijd om de controle niet uit de weg. Ze geven dus duidelijke controle en sensitieve steun voor de ontwikkelende zelfcontrole van hun kind.

We weten uit een reeks psychologische studies dat het adequaat grenzen stellen door ouders (moeders en vaders) aan hun kinderen in het algemeen samenhangt met meer sociaal gedrag, betere schoolprestaties, minder agressie en antisociale gedragsproblemen, minder internaliserende symptomen zoals angst en depressie en betere aandacht, emotieregulatie en zelfcontrole bij hun kinderen,[3] en in sommige studies voorspelt grenzen stellen ook deze gunstige uitkomst bij kinderen later in hun ontwikkeling.[4] Ook weten we dat ouders die duidelijke grenzen stellen aan hun kinderen ook warmer zijn tegen hun kinderen, en de autonomie van hun kinderen meer bevorderen.

Psychologisch onderzoek laat echter ook zien dat grenzen de intrinsieke motivatie en creativiteit van kinderen verminderen. Creatieve architecten rapporteerden bijvoorbeeld dat zij als kind ongekend veel vrijheid kregen van hun ouders.[5] De Israëlische psychotherapeut Ginott[6] zegt dat grenzen, als ze nodig zijn, op een bondige en onpersoonlijke manier gesteld moeten worden, dus 'Muren zijn niet voor schilderen' in plaats van 'Je mag niet schilderen op de muren'. Daarom onderzochten Richard Koestner en collega's[7] of het uitmaakt hoe kinderen begrensd worden. In een elegant experiment lieten ze 44 kinderen van zes en zeven jaar een schilderij maken van hun droomhuis, in tien minuten.

De instructie was als volgt:

> Ik ben geïnteresseerd hoe kinderen dingen schilderen. Dus ik zou het fijn vinden als je een schilderij maakt. Ik zou graag willen dat je een huis schildert waarin je zou willen wonen. Je kunt elk soort huis maken dat je maar wilt en je kunt alles wat je wilt op het schilderij zetten. Misschien wil je je huis een tuin geven, met bomen en dieren, bijvoorbeeld. Het mag zo fantasierijk zijn als je wilt.

Daarbij kregen de kinderen ofwel geen grenzen, ofwel zogenaamde informatieve grenzen, ofwel 'controlerende' grenzen. Bij informatieve grenzen was de instructie:

Voordat je begint, wil ik je een paar dingen vertellen over de manier waarop we hier schilderen. Ik weet dat het soms echt leuk is om gewoon met de verf te kliederen, maar hier is het nodig dat de materialen en ruimte mooi worden gehouden voor de andere kinderen die ze gaan gebruiken. Het kleinere blad is voor jou om op te schilderen, het grotere blad is een grens om schoon te houden. Ook moet de verf schoon worden gehouden, daarom moet de kwast worden gewassen en afgeveegd aan het keukenpapier voordat je van kleur wisselt. Ik weet dat sommige kinderen niet graag de hele tijd netjes zijn, maar nu is het nodig om netjes te werken.

Bij controlerende grenzen was de instructie:

Voordat je begint, wil ik je een paar dingen vertellen die je zult moeten doen. Het zijn de regels die we hebben over schilderen. Je moet de verf schoon houden. Je kunt alleen schilderen op dit kleine vel papier, dus mors geen verf op het grote vel papier. En je moet je kwast wassen en afvegen met keukenpapier voordat je wisselt van kleur, zodat de kleuren niet helemaal door elkaar gaan. In het algemeen wil ik dat je een goede jongen (goed meisje) bent en geen rommel van de verf maakt.

Na het experiment konden de kinderen ervoor kiezen om nog een schilderij te maken zonder opdracht, of een puzzel te maken. Na afloop van het experiment werd ze gevraagd aan te geven hoeveel plezier ze hadden gehad in het schilderen. De schilderijen van het droomhuis werden beoordeeld op creativiteit en technische kwaliteit, en op kleurgebruik en uitwerking, door zowel experts als studenten, die 'blind' waren voor in welk van de drie condities de schilderijen werden gemaakt.

Kinderen die controlerende grenzen hadden gekregen, hadden minder plezier in het schilderen, waren minder intrinsiek gemotiveerd om daarna nog verder te schilderen (ze kozen vaker voor het puzzelen en als ze nog een schilderij wilden maken, schilderden ze minder lang), en de schilderijen van hun droomhuis waren minder creatief, van technisch mindere kwaliteit, kenden minder kleurgebruik en waren minder uitgewerkt. Op sommige uitkomsten (zoals creativiteit) waren de resultaten beter voor de groep die geen grenzen kreeg dan die die informatieve grenzen kreeg, terwijl op andere aspecten (zoals technische kwaliteit) er geen verschil was tussen de groep met informatieve grenzen en die zonder grenzen, maar steeds deed de groep met informatieve grenzen het beter dan die met controlerende grenzen.

Het onderzoek laat zien dat mijn moeder intuïtief gelijk had om ons de vrije ruimte te geven als het ging om onze creatieve ontwikkeling. Maar het laat ook zien dat als het nodig is om grenzen te stellen, het uitmaakt hoe je die grenzen stelt, namelijk dat je uitlegt waarom de grenzen nodig zijn, en de behoefte van kinderen om grenzeloos te experimenteren erkent.

Grenzen stellen aan kinderen begint met ons bewust worden van onze eigen grenzen. Door Debbie Pincus zo mooi gezegd: de lijn die je om je heen tekent om aan te geven waar jij eindigt en waar je kind begint. Als je in meditatiehouding zit kun je in je verbeelding een touw om je heen leggen of een lijn om je heen trekken: dit is mijn grens. Je kunt je silhouet in gedachten uittekenen terwijl je mediteert en je huid voelen, de grenzen van je lichaam. Voor mensen die misbruikt zijn, wier grenzen niet gerespecteerd zijn, seksueel of fysiek of mentaal, is dit een erg behulpzame meditatie: in meditatie de fysieke grenzen van je lichaam voelen en tegen jezelf zeggen: dit is mijn lichaam, mijn lichaam hoort bij mij.[8]

Yoga of mindful bewegen is een uitstekende manier om je bewust te worden van je lichamelijke grenzen: hoe ver kan ik mijn been strekken voordat het pijnlijk wordt of ik iets forceer, dus door te luisteren naar mijn lichaam voel ik waar de grens is (op dit moment). Door regelmatig in stilte te zitten met jezelf, voorkom je dat je jezelf verliest in het contact met anderen, onder wie je kinderen. Regelmatig 'inchecken' door een ademruimte te nemen helpt je bewust te zijn van je fysieke en mentale staat (je stelt vast hoe het met je is), en daarmee ook van je grenzen op dit moment. Het kan dus zijn dat je het de ene keer prima vindt dat je kinderen een hut bouwen in het huis, maar daar de andere keer geen ruimte voor voelt in jezelf. Het gaat erom die grens bij jezelf te voelen, en jezelf toe te staan dat je deze grenzen nu hebt. Dit voelen en toestaan vergemakkelijkt het op informatieve wijze communiceren van die grenzen, en met gelijkmoedigheid reageren op de reactie van je kind op die grenzen.

Een kind groeit in het lichaam van de moeder, en met het doorknippen van de navelstreng is de eerste stap naar separatie tussen moeder en kind gezet: hun lichamen zijn gescheiden geworden. De grens tussen waar de moeder eindigt en het kind begint is bereikt. Door je bewust te zijn van je eigen grenzen, en die duidelijk te maken aan je kind, help je je kind in de ontwikkeling van zijn autonomie. Je kind ontdekt daardoor namelijk dat ouder en kind niet één zijn, maar gescheiden wezens, die ieder hun eigen behoeften en grenzen hebben. Zoals je kind groeit in zijn autonomie wanneer hij nee zegt tegen jou ('Nee, ik zit vol en wil niet meer eten!'), merkt dat jij zijn grens hebt gehoord en accepteert, en er dus op vertrouwt dat hij zelf kan voelen wanneer hij genoeg gegeten heeft, zo groeit je kind ook in zijn autonomie wanneer hij jouw grenzen leert kennen omdat jij ze voelt, op informatieve wijze overbrengt en hij zich daar eventueel tegen kan verzetten, en ze zal accepteren als ze voor jou belangrijk genoeg zijn.

Grenzen stellen heeft ook met eigen bronnen ('resources') te maken. In de evolutionaire psychologie wordt moederschap gezien als voorwaardelijk. Moeders zijn uitgerust om zowel voor hun kinderen te zorgen als die zorg te weigeren en aan anderen te delegeren. Positieve emoties zoals liefde en hechting helpen bij het investeren in nakomelingen, terwijl uitbarstingen van woede of onverschilligheid signalen zijn dat het tijd is om de eigen bronnen ergens anders op te richten. Emoties zoals schuld en schaamte (zie hoofdstuk 8) kunnen die woede en onverschilligheid onderdrukken of bijstellen. Volgens de evolutionaire psychologie onderhandelen koppels met elkaar over de hoeveelheid zorg die ieder van hen aan het kind besteedt, en proberen beide ouders hun eigen zorgbijdrage te minimaliseren en de zorg van de ander te maximaliseren.[9] In de onderhandeling speelt echter ook mee wie in welke taak relatief het beste is ('comparative advantage'), en het is natuurlijk duidelijk dat moeders beter borstvoeding kunnen geven dan vaders.

Het bewust worden van je eigen grenzen gaat dus over het waken over je eigen bronnen, en helpt om niet in reactief ouderschap te vervallen. Wanneer we onze bronnen uitputten en niet opladen, kan het zijn dat we als gevolg daarvan onvoorspelbaar ontploffen of in onverschilligheid vervallen (vecht-of-vluchtreactie). Dit geldt zowel tegenover onze kinderen, maar ook tegenover onze partner en/of andere ouder, en andere betrokkenen bij ons kind. Wanneer we moe thuiskomen en ervan balen dat onze partner het huis niet heeft opgeruimd, het eten niet heeft gekookt, de kinderen niet van de crèche heeft gehaald of aan hun huiswerk heeft gezet et cetera, en dan in plaats van onze grens te voelen en die met onze partner te bespreken en hem of haar te vragen alsnog dit te doen, het al dan niet boos zelf te gaan doen, terwijl we moe zijn of iets anders zouden moeten doen, dan lopen we de kans ongecontroleerd uit te vallen tegen ons kind dat niet voldoet aan onze (impliciete) verwachting, of tegen onze partner. Bewustwording van je eigen grenzen en van wanneer je bronnen heropgeladen moeten worden doe je door een adempauze te nemen en te voelen hoe het nu met je is, en je vervolgens af te vragen wat je nodig hebt.

OEFENINGEN

Yoga of mindful bewegen

Yoga of mindfulle bewegingsoefeningen zijn een uitstekende manier om de grenzen van je lichaam te voelen. Het gaat er niet om om zover mogelijk te komen of een wedstrijd met jezelf aan te gaan, maar om heel goed te voelen wat een positie met je doet, en waar nu jouw grens is. Je kunt de grens dan opzoeken en er een paar keer op in- en uitademen, en kijken of je dan nog iets verder komt, of niet.

Doe bij voorkeur elke dag deze week de mindfulle bewegingsoefeningen van track 7 (duur ongeveer 10 minuten) of kies andere yoga- of mindfulle bewegingsoefeningen die jou helpen om bewust je lichamelijke grenzen te voelen en te respecteren. De yogalerares Wytske Hoekstra, bij wie ik 's zomers op het strand yoga volg, zegt altijd: 'Luister meer naar de wijsheid van je lichaam dan naar mijn stem.' Maak als je wilt notities over je ervaringen.

Grenzen voelen

Ga op momenten waarop je het gevoel hebt dat je je grenzen niet goed voelt of eroverheen laat gaan even zitten voor een adempauze. Realiseer je dat juist door je grenzen niet goed te voelen het risico bestaat dat je ontploft.

Bedenk van tevoren om wat voor situaties het gaat, bijvoorbeeld: momenten dat jij werk aan het doen bent waarvan je vindt dat je kind of partner dat moet doen, momenten dat jij toegeeft aan dingen die je kind of de kinderen willen terwijl jij iets anders wilt, zo lang je kind helpen met huiswerk dat je niet meer toekomt aan je eigen werk of ontspanning et cetera.

Kijk na de adempauze of er iets is wat je zou willen zeggen of doen.

Grenzen voorstellen

Ga zitten op je meditatiekussen/-kruk of stoel en neem enkele minuten om het contact te voelen tussen je lichaam en hetgeen waar je op zit, je houding te voelen en je ademhaling.

Laat een situatie naar boven komen waar je kind (of partner) voor jouw gevoel over je grens heen ging, en je dit liet gebeuren. Het kan om een eenmalige situatie gaan, of om iets wat regelmatig gebeurt. Een paar voorbeelden: je kleuter blijft steeds je aandacht vragen terwijl je gezegd hebt dat je niet gestoord wilt worden; je kind heeft enorme rommel gemaakt en weigert om op te ruimen; je puber komt veel te laat thuis zonder iets te laten horen terwijl je had afgesproken dat hij dan een bericht zou sturen; je partner leest de krant tijdens het eten met het gezin en je hebt hem al een paar keer gevraagd dit niet te doen.

Stel je de situatie of het probleem zo levendig mogelijk voor. Waaraan merkte je dat je grens overschreden werd? Wat voelde je in je lichaam?

Wat maakt het moeilijk je grens aan te geven? Zie je misschien ook een verband met je eigen opvoeding?

Wat zou je nu, nu je je bewust bent van wat je voelt als je grens bereikt is, en wat je moeilijk vindt aan het stellen van een grens, willen doen? Probeer dit uit in je voorstelling en kijk hoe dat voelt. Schrijf op wat je zou willen doen:

Een voorbeeld uitgewerkt van een hulpverlener uit een van de mindful-parentingopleidingen:

> *Mijn partner leest steeds de krant aan tafel, terwijl ik hem heb gevraagd dit niet te doen, omdat ik het belangrijk vind om*

dan gedrieën (vader, zoon en ik) te praten. Ik voel dat mijn grens is overschreden doordat ik alle energie uit me voel verdwijnen. Ik voel me verdrietig, alleen, en maak me zorgen over hoe dit voor mijn zoon is. Ik vind het zo moeilijk om mijn grens aan te geven omdat ik denk dat mijn partner zo gespannen is door zijn werk dat hij het nodig heeft te lezen tijdens het eten. Ik ben ook bang dat hij boos wordt op mij als ik het weer vraag, en dat onze zoon dan schrikt omdat er ruzie is. Mijn vader was ook altijd afwezig bij het eten, waardoor ik me als kind niet gezien voelde. Mijn moeder zei daar niets van en de kinderen ook niet.

Ik zou nu ik dit allemaal besef een gesprek met mijn partner willen (zonder mijn zoon erbij) waarin ik uitleg hoe ik me voel als hij de krant leest, hoe ik mij vroeger voelde aan tafel terwijl mijn vader afwezig was, en waar ik behoefte aan heb, voor mezelf en voor ons gezin.

8 Schuld en schaamte.
Vergeven, verbinden, verontschuldigen

> He showed the words 'chocolate cake' to a group of Americans and recorded their word associations. 'Guilt' was the top response. If that strikes you as unexceptional, consider the response of French eaters to the same prompt: 'celebration'.
>
> Michael Pollan[1]

> Guilt means you have done wrong, shame means you are wrong.
>
> Brené Brown[2]

Ondanks de oneindige investeringen van ouders in hun kinderen worstelen ouders enorm met schuldgevoelens. Mijn moeder kwam doorgaans hollend thuis na een dag werken, en als kind begreep ik niet waarom ze zo rende en draafde. Sinds ik zelf kinderen heb begrijp ik het wel: het schuldgevoel van de werkende moeder, dat het eigenlijk slecht is dat je graag wilt werken of moet werken om geld te verdienen, terwijl een (Nederlandse) moeder bij haar kinderen hoort te zijn! Met datzelfde schuldgevoel brengen Nederlandse moeders hun kinderen 's morgens naar de crèche en halen ze aan het eind van de middag weer op.

Net als niet in elke cultuur het woord chocoladetaart schuldgevoel oproept, roept niet in elke cultuur een kind naar de crèche brengen of aan de zorg van de oppas toevertrouwen (moederlijk) schuldgevoel op. Dat schuldgevoel is opeens weg als we onze kinderen naar school brengen, want dan is het een regel van de maatschappij, en niet onze eigen keuze of financiële noodzaak. Ouders worstelen met schuldgevoel omdat ze gescheiden zijn en hun kinderen twee keer in de week hun tas moeten pakken om naar een ander huis te gaan en in een 'incompleet', 'gebroken' gezin groot worden. Ze voelen zich schuldig omdat ze maar één kind hebben gekregen en hun kind daarom de ervaring mist van opgroeien in een roedel van broertjes en zusjes. Ze voelen zich schuldig omdat ze depressief zijn geweest en daarom een stuk van de ontwikkeling van hun kind gemist hebben. Ze voelen zich schuldig elke keer wanneer ze het litteken op het lichaam van hun kind zien, dat van de trap was gevallen terwijl zij ruziemaakten. Ik was na de eerste jaren van het moederschap, waarbij ik niet meer aan sport toekwam, voor het eerst weer een toernooi aan het tennissen, toen mijn nog jonge dochter met haar oudere stiefzus en stiefopa en -oma naar een atletiekwedstrijd ging, en tijdens een pakspelletje met haar stiefzus niet zag dat ze op een ijzeren paal afliep en beide voortanden die net volgroeid waren voor driekwart verloor. Jaren heb ik niet meer getennist, want 'als ik niet was gaan tennissen maar was meegegaan naar hun atletiekwedstrijd, dan was dit niet gebeurd'. Dit fenomeen heet 'hindsight bias': als we van tevoren hadden geweten wat er zou gaan gebeuren, hadden we het anders gedaan.

Ouders hebben de neiging zich schuldig te voelen over problemen van hun kind, ook als die buiten hun controle liggen. Zo blijken moeders van kinderen met hemofilie of 'bloederziekte', een vrij zeldzame erfelijke aandoening waarbij bloedingen in spieren en gewrichten optreden door een tekort aan stollingsfactoren, niet alleen meer ouderlijke stress te ervaren, maar ook meer ouderlijk schuldgevoel (en schaamte).[3] Datzelfde geldt voor moeders van adolescenten die zichzelf beschadigen[4] (zichzelf snijden bijvoorbeeld), moeders van autistische kinderen[5] (terwijl we weten dat autisme voor meer dan negentig procent erfelijk is), kinderen met een 'moeilijk' temperament,[6] en kinderen die slecht slapen.[7] In de documentaire *Wrong Time, Wrong Place*[8] over de schietpartij op het Noorse eiland Utøya in 2011, waarbij een rechts-extremist 69 jongeren doodschoot die daar op een internationaal vakantiekamp waren, spraken de Russische ouders van een van de slachtoffers over hun schuldgevoel omdat ze hun dochter geen zwemlessen hadden laten volgen toen ze jong was. De dochter was doodgeschoten aan de kant van het water. Ouderlijk schuldgevoel is dus vaak irreëel of overtrokken. Het is ons als kijker van de documentaire volstrekt duidelijk dat deze ouders geen enkele schuld hebben aan de dood van hun dochter.

Moeders hebben meer last van schuldgevoel dan vaders.[9] Een evolutionair psychologisch onderzoek naar Finse moeders die teksten schreven over moederlijke emoties die ze moeilijk vonden of die verboden waren, liet zien dat schuldgevoel ontstaat doordat moeder en kind verschillende belangen hebben en daarover onderhandelen, maar ook door de 'moederschapsmythe'[10] dat een goede moeder continu, eeuwigdurend, intensief en met hoge kwaliteit zou investeren in haar kind.

Is schuldgevoel in het ouderschap ook een nuttige emotie? Zonder empathie bestaat er geen schuldgevoel, en empathie is een belangrijke voorwaarde voor goed ouderschap. Schuld gaat over onrechtmatig of onjuist gedrag (in het boeddhisme spreekt men van 'juist handelen') en is verbonden met zorg voor anderen en hoe zij door iemands gedrag geraakt worden. Schuld in ouderschap kan daarom beschouwd worden als een soort advocaat van het kind en kan zowel de ouder als het kind beschermen tegen impulsieve ouderlijke agressie, tegen ouderlijke verwaarlozing van het kind en tegen voorkeursbehandeling van het ene kind ten koste van het andere. Hoe vaak ik ook mijn paraplu in de trein of in een bushokje heb laten liggen, dit is mij met mijn baby's nooit overkomen, dus schuldgevoel helpt om alert te blijven op de noden van je kind, dat nog zo kwetsbaar en afhankelijk is.

Schuldgevoel functioneert als een waarschuwing om een impuls niet te volgen (dus om niet die chocola te eten, of om niet ongecontroleerd tegen je kind uit te vallen, om niet te lang op die borrel te blijven hangen terwijl je kinderen op je wachten om te gaan eten). Maar schuldgevoel functioneert ook als zelfbestraffing als aan de impuls is toegegeven (de chocola gegeten, ongecontroleerd uitgevallen tegen je kind, op de borrel gebleven terwijl je kinderen... Ja, wat eigenlijk...? Zich tegoed doen aan chips en cola, lang achter de computer hangen, ruzie met elkaar krijgen, te laat naar bed gaan, en hoe erg is dat nu eigenlijk?). Dat straf geen erg effectieve methode is om gedrag te veranderen, is een van de meest robuuste sociaalwetenschappelijke bevindingen: het belonen van gewenst gedrag is een veel snellere en minder pijnlijke weg naar gedragsverandering.

Zelfstraf als gevolg van schuldgevoel is ook om een andere

reden geen effectieve methode om ons ouderschap te verbeteren. Als we onszelf verwijten maken over wat we anders hadden moeten doen, zullen we geneigd zijn hetzelfde met de mensen om ons heen te doen (partner, kinderen). En zelfs als het ons lukt onze geliefden niet te straffen zoals we onszelf straffen, zullen onze kinderen ons zelfstraffende gedrag 'internaliseren'; hoe wij met onszelf omgaan wordt immers hun interne werkmodel voor hoe zij met zichzelf moeten omgaan.

Schuldgevoel over het gevolg van ons handelen op onze kinderen heeft nog een ander ongewenst effect op de opvoeding. Ouders die zich schuldig voelen gaan allerlei compensatiegedrag ontwikkelen om de schuld in te lossen waar we onze kinderen, en onszelf, geen plezier mee doen, zoals te veel verwennen en verzorgen en verantwoordelijkheden overnemen.

Schuldgevoel over fouten die we maken als ouders kan ons echter wel helpen om in actie te komen, om bijvoorbeeld excuses te maken voor ons gedrag en de schade te repareren.[11] We kunnen onze reële schuld erkennen over de gevolgen van ons handelen voor onze kinderen, niet alleen aan onszelf, maar ook aan ons kind. Want ons gedrag heeft consequenties, en daar zijn we verantwoordelijk voor. Die verantwoordelijkheid nemen we door het gesprek erover aan te gaan met onze kinderen, onze excuses aan te bieden voor het leed dat we veroorzaakt hebben (zie hiervoor ook hoofdstuk 5 over ruzie en reparatie), en soms door om vergeving te vragen. Door met zelfcompassie naar onze eigen fouten te kijken, ons kwetsbaar op te stellen door te praten over onze fouten, en onszelf te vergeven, zijn we in een veel betere positie om te leren van onze fouten dan wanneer we onszelf straffen en isoleren.

Of je nu veel of weinig schuld hebt aan een bepaalde gebeurtenis, het doorwerken van die schuld, door een meditatie en wellicht gevolgd door een gesprek (of brief), en jezelf vergeven, maakt je weer vrij om een onbevangen ouder te zijn, en maakt de relatie weer vrij en open. Dat dit zelfs postuum nog kan, getuigt het boek *Leven en dood van een dertienjarige*,[12] waarin een vader een brief schrijft aan zijn dochter, tientallen jaren nadat zij zichzelf op dertienjarige leeftijd van het leven beroofde. Hij schrijft niet over zijn ex-vrouw, de moeder van zijn dochter, hij schrijft niet over de hulpverleners en leraren van zijn dochter, niet over haar klasgenoten en vrienden, nee, hij doet zuiver zelfonderzoek naar de signalen die hij gemist heeft, hoe hij er niet geweest is, hij getuigt van zijn schuld en vraagt om vergeving, aan zichzelf en aan zijn dochter.

Over de rol van schaamte in het ouderschap is veel minder bekend dan over schuld. We schamen ons voor slecht of fout gedrag van ons kind omdat we een 'gedeelde identiteit' ervaren; wanneer we kinderen hebben gekregen wordt ons gevoel van wie wij zijn, onze identiteit, mede gevormd door wie ons kind is en hoe we het als ouders doen.[13] Ouders trekken zich het daarom aan wat anderen van hun kinderen en ouderschap vinden, maar zijn zich doorgaans weinig bewust van hoe die schaamte hun ouderschap beïnvloedt en, net als boosheid, kan leiden tot reactief ouderschap. We kunnen ons schamen voor hoe ons kind zich gedraagt, presteert of eruitziet, en over onze eigen opvoeding en het functioneren van het gezin.

Wij deden in ons lab onderzoek naar de rol van wat heet 'Fear of Negative Child Evaluation' bij de intergenerationele overdracht van sociale angst van ouders op kinderen.[14] We onderzochten honderdtien jonge ouderparen en hun eerste kind in een longitudinale studie vanaf de zwangerschap. Toen de baby vier maanden was, vulden de beide ouders een vragenlijst in over hoe bang zij waren dat hun baby negatief geëvalueerd zou worden door andere mensen. Het ging om items als: 'Ik maak me zorgen om welke indruk mijn kind op anderen maakt' en: 'Ik ben bang dat anderen mijn kind afkeuren'. Ouders die zich vaak zorgen maken over wat anderen van hen vinden, bleken ook bang te zijn dat hun baby negatief beoordeeld zou worden. Hun angst voor negatieve evaluatie van hun baby voorspelde niet alleen hoe sociaal angstig de baby later zou worden, maar voorspelde ook hoe negatief en overbeschermend zij hun kind zouden gaan opvoeden. Je kunt je bijna niet voorstellen dat ouders bang zijn dat de omgeving hun schattige vier maanden oude baby negatief zou beoordelen; dit is beter voorstelbaar wanneer het een iets te wilde en luidruchtige jongen is die zijn cola omstoot in een restaurant of een chagrijnige en slome puber die zich niet voorstelt aan het bezoek.

In zijn autobiografisch geïnspireerde romans beschrijft Karl Ove Knausgård zijn schaamte over hoe slordig en ongeorganiseerd hun gezin functioneert, en hoeveel beter andere gezinnen dat schijnen te doen. Bijvoorbeeld wanneer de kinderen maar blijven huilen in een vliegtuig in turbulentie:

> Ik was nat van het zweet. De kinderen zaten gevangen, ze kwamen er niet meer uit, en het enige waar ik aan kon denken was wat de andere passagiers wel niet zouden denken. Het was duidelijk dat we slechte ouders waren, waarom zouden onze kinderen anders zo krijsen? Ze hadden een verschrikkelijke, traumatische jeugd. Er moest wel iets mis zijn, ik had nog nooit

gezien dat andere kinderen zich zo in het openbaar gedroegen.[15]

Wanneer kinderen anders zijn dan andere kinderen, bijvoorbeeld omdat zij een bepaalde mentale diagnose hebben, zoals ADHD, autisme of een angststoornis, omdat ze zwak- of hoogbegaafd zijn of omdat ze een lichamelijke beperking hebben, zoals een hazenlip, kan schaamte ouders behoorlijk in de weg zitten. In plaats van zich werkelijk te verdiepen in het probleem van het kind en wat het kind nodig heeft om optimaal te functioneren, kunnen ouders zich druk maken over wat anderen van hun kind vinden en vervallen in reactief en negatief ouderschap om hun kind te laten voldoen aan wat ouders denken dat anderen van hun kind verwachten.

Waar (reëel) schuldgevoel een positief effect kan hebben op ouderlijk gedrag, blijkt schaamte negatief te werken. Dit komt omdat schuldgevoel het verlangen oproept om te investeren in ons kind, ons te verontschuldigen en iets te repareren, en dus om ons te verbinden met ons kind, terwijl schaamte ervoor zorgt dat we ons isoleren van de gebeurtenis die de schaamte oproept. Dus als ons kind iets doet waarvoor we ons schamen, hebben we de neiging om ons te distantiëren van ons kind,[16] en van mensen die ervan op de hoogte zijn.

Schaamte kan ook tot vijandige woede en verwijt leiden, en dus tot reactief ouderschap.[17] Marchelle Scarnier en collega's[18] onderzochten het effect van schuld- en schaamtegevoel op ouderschap. Ze vroegen 93 ouders om het slechtste gedrag te herinneren van hun kind tussen drie en achttien jaar. Het kon om een eenmalige gebeurtenis gaan of om een bepaald type gedrag dat het kind vaker vertoonde. Ouders schreven die gebeurtenissen op: het ging om fysieke of verbale agressie van hun kind jegens anderen, woede-uitbarstingen, seks, alcoholgebruik, wegrennen, liegen, stelen, dingen kapotmaken, slechte cijfers, huiswerk niet maken et cetera. Ouders moesten vervolgens aangeven hoe ze zich gevoeld hadden (schaamte en schuld stonden daar ook bij), en hoe ze gereageerd hadden. Schaamte en schuld waren beide geassocieerd met de wens om de schade door het gedrag van het kind te repareren, maar alleen schaamte hing samen met het verlangen zich te isoleren van anderen, door de grond te zakken en vermijdingsgedrag van de ouder.

In een tweede experiment vroegen ze 123 ouders om zich een scène voor te stellen waarbij hun kind het buurkind waarmee het samen speelt slaat, terwijl de buurvrouw dit ziet. Opnieuw bleek schuldgevoel samen te hangen met het adequaat disciplineren van hun kind, terwijl schaamte (en boosheid) samenhing met overreactief ouderschap. Schuldgevoel lijkt dus functioneler dan schaamte in het helpen van ouders om op een juiste manier het gedrag van hun kind te corrigeren.

Mindful opvoeden gaat over de steeds hernieuwde bewustwording van welke gevoelens het gedrag van je kind en je ouderschap bij je oproepen. Door een 3 minutenadempauze te nemen als je kind zich misdraagt of een langere meditatie in te plannen over je kind, de relatie met je kind, en je ouderschap, krijgen we inzicht in onze emoties, en kunnen we reactief ouderschap voorkomen. Het is daarbij van belang dat we ons realiseren dat we gedreven worden door 'parental experiential avoidance', de neiging om negatieve emoties die ons kind bij ons oproept te vermijden, en reactief ouderschap staat in functie van die vermijding. Immers, als we boos worden op ons kind voelen we niet meer de schaamte over het gedrag van ons kind. Door te leren 'zijn' met onze negatieve emoties die opgeroepen worden in contact met ons kind, inclusief schuld- en schaamtegevoel, en stil te staan bij het effect van die emoties op ons gedrag kunnen we de ouder worden die we willen zijn.

OEFENINGEN

Meditatieprogramma naar eigen keuze

Er zijn veel verschillende meditaties voorbijgekomen: mediteren op de ademhaling, lichaam, geluiden, gedachten, de bodyscan, 3 minutenademruimte, kijkmeditatie, loopmeditatie, keuzeloos gewaarzijn, zelfcompassie, liefdevolle vriendelijkheidsmeditatie en yoga of mindful bewegen.

Welke meditatie of combinatie van meditaties wil jij deze week oefenen? Maak een plan, bedenk ook hoelang je wilt mediteren, en of je dagelijks wilt mediteren (of vaker of minder vaak).

Schuld en schaamte en reparatie

Is er iets waarover jij je schuldig voelt en/of schaamt als ouder? Het kan om iets kleins of iets groots gaan. Hoe beïnvloedt dit schuldgevoel je, in positieve en/of negatieve zin, en hoe beïnvloedt dit schuldgevoel je ouderschap, in positieve en/of negatieve zin? Is er iets waarvoor je je excuses zou willen aanbieden en/of iets wat je op een andere manier zou willen repareren met betrekking tot dit schuld- of schaamtegevoel? Maak notities en/of ga erover mediteren.

Neem de tijd voor je tot (reparatieve) actie komt, praat er bijvoorbeeld eerst met je partner of een vriend(in) over. Een bewuste, weldoordachte reparatie is namelijk veel effectiever voor de relatie dan een snelle (re)actie. Het kan ook zijn dat je jezelf moet vergeven voor iets wat je fout gedaan hebt, bijvoorbeeld door een compassievolle brief aan jezelf te schrijven. Als het gaat om iets waarover je je schaamt, bedenk dan of er andere ouders zijn die vergelijkbare gevoelens hebben en verbind je met hen. Geef jezelf compassie, bijvoorbeeld door je hand op je hart te leggen.

9 Liefde maakt blind. Ontkenning en acceptatie

Gebed om kalmte

Schenk mij de kalmte om te aanvaarden
wat ik niet kan veranderen,
de moed om te veranderen wat ik kan veranderen
en de wijsheid om het verschil hiertussen te zien.

Reinhold Niebuhr[1]

Een van de meest bevredigende gevoelens die ik ken – en ook een van de meest groei bevorderende ervaringen voor de andere persoon – komt tot stand door deze individu te waarderen op dezelfde manier als ik een zonsondergang waardeer. Mensen zijn net zo geweldig als zonsondergangen als je ze kan laten zijn zoals ze zijn. Misschien is de reden dat we zonsondergangen zozeer kunnen waarderen het feit dat we ze niet kunnen beheersen. Als ik kijk naar een zonsondergang zoals ik gisteravond deed, zeg ik niet tegen mezelf: 'Maak het oranje in de rechterhoek wat zachter, voeg wat meer paars toe aan de basis, en kleur de wolken een beetje meer roze.' Dat doe ik niet. Ik probeer de zonsondergang niet te controleren. Ik kijk met ontzag toe als deze zich ontvouwt.

Carl Rogers[2]

Als je kind blind geboren is, zul je door een rouwproces heen gaan om wat je kind zal missen, wat het voor gevolgen zal hebben voor jou en je gezin, om wat jij als ouder en jullie als gezin zullen missen door de handicap van je kind en je zult je huis en je leven aanpassen aan de handicap van je kind. Als je blinde kind ergens tegenaan loopt zul je niet roepen 'Kijk nou toch eens uit' omdat je weet dat je kind niet kan zien. Toch hebben we de neiging om als ons kind een minder zichtbare handicap heeft, zoals ADHD, te roepen 'Denk nou toch eens na', 'Let nou eens op', 'Zit toch eens stil', terwijl we weten dat dat juist het probleem is voor iemand met ADHD. Bij een kind met autisme verzuchten we 'Doe nou toch eens mee', 'Pas je nou eens aan', 'Denk eens aan anderen', terwijl dat juist zo moeilijk kan zijn voor dit kind.

Het werkelijk accepteren van de handicap van ons kind, als daar sprake van is, of van de imperfectie van ons kind, waar altijd sprake van is, vereist dat we rouwen over wat het kind niet of niet meer zal kunnen, wat wij als ouder zullen missen, wat de ouder-kindrelatie niet zal zijn, wat het gezin niet zal zijn, en de ware aard en de ware conditie van ons kind gaan zien. Pas vanuit acceptatie van de handicap of imperfectie van ons kind kunnen we het kind helpen in wat het nodig heeft om zich te ontwikkelen en een waardig leven te leiden.

Lynn Murray, ontwikkelingspsycholoog en hoogleraar aan de Universiteit van Reading, vertelde mij toen ik drie maanden meeliep in haar babylab over een onderzoek dat zij had gedaan bij kinderen die geboren zijn met een hazenlip.[3] Een van de grootste uitdagingen van onderzoek doen is dat het niet ethisch is om kinderen bepaalde dingen langdurig te onthouden waarvan we denken dat ze die nodig hebben (zoals ouderlijke aandacht) of langdurig aan bepaalde dingen bloot te stellen waarvan we denken dat die niet goed voor ze zijn (zoals ouderlijke stress) om na te gaan wat daarvan op lange termijn de consequenties zijn voor de ontwikkeling van het kind. Daarom weten we bijvoorbeeld nog steeds niet wat de langetermijneffecten van methylfenidaten zijn voor kinderen met ADHD (de medicatie die nu zo'n vijf procent van de kinderen in Nederland gebruikt) omdat we daarvoor kinderen moeten randomiseren (loten) om te bepalen of ze pillen krijgen of niet, en dan kijken hoe het een half leven later met die kinderen gaat. We vinden het echter onethisch om kinderen een half leven lang een potentieel effectieve behandeling te onthouden, en dat is terecht. Maar als we twee natuurlijke groepen kinderen met ADHD in de tijd volgen, een groep die wel en een groep die geen medicatie gebruikt, weten we nooit met zekerheid of de verschillen in de uitkomst een half leven later niet kunnen worden verklaard door andere kenmerken van die twee groepen. Ouders die niet willen dat hun kind dergelijke medicatie gebruikt kunnen namelijk ook in andere opzichten verschillen: ze stellen bijvoorbeeld minder hoge eisen aan hun kind, eten gezonder, bewegen meer, hebben meer moeite met het accepteren van de diagnose ADHD et cetera.

Natuurlijke experimenten zijn daarom een mooi alternatief voor bewust gecreëerde experimenten. Bij natuurlijke experimenten is het aannemelijk dat het toevallig is of een persoon in conditie A of B zit, en lijkt daarom op de gerandomiseerde (gelote) toewijzing in echte experimenten. Lynn Murray onderzocht het volgende natuurlijk experiment. In ziekenhuis A en B in Engeland worden kinderen met een hazenlip kort na de geboorte geopereerd, terwijl dit in ziekenhuis C en D pas drie of vier maanden na de geboorte gebeurt. Of ouders naar ziekenhuis A of B dan wel C of D gaan hangt af van waar ze wonen, en de ziekenhuizen staan in vergelijkbare regio's, dus de keuze voor een van de ziekenhuizen is een min of meer toevallige. Lynn ging na hoe de moeder-babyrelatie zich ontwikkelde in de vroeg en laat geopereerde babygroep. Moeders wier baby's vlak na de geboorte geopereerd waren bleken wanneer de baby twee maanden oud was aandachtiger naar hun kind te kijken en sensitiever en positiever betrokken bij hun baby dan moeders wier baby's laat geopereerd werden. Deze moeders keken weg van hun kind en waren minder gevoelig voor de signalen van hun kind. De baby's die laat geopereerd waren keken op de leeftijd van twee maanden ook minder naar de moeder en waren meer gestrest. Bij een meting bij achttien maanden hadden de baby's die laat geopereerd waren een cognitieve achterstand ten opzichte van de vroeg geopereerde baby's en die achterstand werd verklaard door de lagere sensitiviteit, minder positieve betrokkenheid en minder kijken van de moeders naar hun nog niet geopereerde baby van twee maanden oud. Het wegkijken is een metafoor voor het niet accepteren van de handicap van je kind: je wilt het niet zien, het is te moeilijk, te pijnlijk, en dat gaat ten koste van de aandacht die je voor je kind hebt en de band die je met je kind opbouwt (en uiteindelijk de relatie van je kind met zichzelf). Hoewel de oplossing hier dus simpel lijkt (vroeg opereren), is dat voor andere fysieke of mentale 'handicaps' minder eenvoudig en ligt de sleutel bij niet wegkijken!

Het concept 'Parental experiential avoidance'[4] ligt ten grondslag aan dat (letterlijk of figuurlijk) wegkijken van de imperfecties van ons kind. We hebben de neiging om negatieve gevoelens, zoals schaamte, schuld, verdriet, pijn, angst, boosheid, jaloezie, verveling, niet te willen voelen, dus van ons weg te duwen, terwijl we positieve gevoelens, zoals blijdschap, liefde, geluk, genot, proberen vast te houden, we klampen ons eraan vast. Dit is volgens de boeddhistische leer de kern van ons lijden: vasthouden wat we fijn vinden en vermijden van wat we niet fijn vinden.

Waarom vinden we een bos echte bloemen zoveel mooier dan een bos plastic bloemen? Wanneer we naar die levende bloemen kijken zorgt het besef dat ze over een week verwelkt zijn ervoor dat we er des te meer van kunnen genieten; het is tijdelijk, we kunnen die bloemen niet vasthouden, we zullen ze moeten loslaten. De zin 'ook dit gaat voorbij' is voor mij altijd een grote troost, waar ik me ook in bevind, een slepend werkconflict, verlaten zijn door een geliefde, een uit de hand gelopen verbouwing, een kind met een gezondheidsprobleem, het zal voorbijgaan, of in ieder geval mijn huidige lijden erover zal veranderen.

Het beoefenen van 'equanimity', of *gelijkmoedigheid*, ten opzichte van positieve en negatieve dingen die onvermijdelijk gebeuren in ons leven, en dat van onze kinderen, helpt om ons lijden te verminderen en mindful ouderschap te cultiveren. Equanimity komt van het Latijnse *aequanimitas*, en betekent een gelijkmatige geest of ziel hebben. We verwelkomen alle ervaringen, zowel de negatieve als de positieve. We ervaren heel bewust, ook op lichamelijk niveau, 'negatieve' gevoelens, zoals stress, schuld, schaamte, angst, verveling, verdriet en boosheid, in plaats van die gevoelens te vermijden of te verdoven. Er zijn vele manieren waarop we onze gevoelens verdoven: met alcohol, eten, hard werken, sporten, gamen, voortdurend onder de mensen zijn. Het verwelkomen van negatieve gevoelens kunnen we oefenen in ons hele leven, en in ons ouderschap, om de dingen precies zo te zien als ze zijn, en ze te accepteren in plaats van ertegen te vechten. Accepteren is niet passief je schouders ophalen, maar actief ernaartoe bewegen, het volledig ervaren. De paradox is dat pas als we kunnen accepteren en loslaten, we iets kunnen veranderen.

Als mindful-parentingtrainer in een (jeugd)geestelijke gezondheidszorgcontext, zie ik ouders wier kind een mentale aandoening heeft. Het kan gaan om ADHD, autisme, angststoornissen, depressie, bipolaire stoornis, gedragsstoornissen, eetstoornissen, somatische stoornissen, verslavingen of hechtingsstoornissen. Mindful-parentingcursussen kunnen ook worden gegeven in medische contexten, zoals voor ouders met kinderen met kanker, chronische pijn, auto-immuunziektes, lichamelijke beperkingen, voor ouders met kinderen met transgendervraagstukken et cetera. Al deze aandoeningen kunnen op een schaal worden gezet van hoe veranderbaar, tijdelijk of blijvend ze zijn. Wanneer ouders geconfronteerd worden met dergelijke aandoeningen bij hun kind, kan het volstrekt onduidelijk zijn hoe veranderbaar die aandoening is, en wat de situatie over vijf of tien jaar zal zijn. De onvoorspelbaarheid, en de hoop op genezing, maakt het rouwen over de huidige situatie, de diagnose die nu gesteld is, complex: moet ik stilstaan en rouwen om wat verloren is of moet ik alles doen wat in mijn mogelijkheden ligt om de aandoening te genezen?

De vijf fasen van rouw, zoals beschreven door Kübler-Ross[5]

– ontkenning, boosheid, onderhandeling, depressie en acceptatie – worden, als ouders niet blijven hangen in het vermijden van het voelen van bepaalde emoties, een of vele malen doorlopen, mede door de veranderende conditie van het kind. En er bestaan andere gevoelens dan boosheid en verdriet, zoals angst en schaamte, schuldgevoel over of de ouder de conditie had kunnen voorkomen en overlevingsschuld over dat de ouder de conditie zelf niet heeft (zie hoofdstuk 8 over schuld en schaamte in het ouderschap). Het vermogen om te zijn met dit hele scala aan intense gevoelens, te zitten op een kussen en tegen jezelf te zeggen: 'Kom maar, ik ben er klaar voor', is de noeste arbeid van mindful ouderschap, die tot acceptatie van de huidige situatie zal leiden. Juist die acceptatie helpt ouders om open te staan voor de behoeften van hun kind.

Een moeder in een mindful-parentinggroep vertelde dat er bij haar een knobbeltje in de borst was geconstateerd, en haar moeder had borstkanker gehad. Toen zij haar moeder belde om het te vertellen, reageerde die met: 'Kind, dat kan ik er nu niet bij hebben!' Welke explosie van gevoelens zouden er in haar moeder omhoog zijn gekomen toen zij haar het zorgelijke nieuws vertelde, en zou haar moeder deze gevoelens van zich af hebben proberen te houden door deze op zijn minst onhandige reactie? Wat als de moeder had gezegd: 'Kind, ik moet even een halfuurtje zitten met dit nieuws, daarna bel ik je terug', en werkelijk was gaan zitten, en tegen zichzelf had gezegd: 'Het is oké, laat het me voelen!' Dan was deze moeder zich er wellicht bewust van geworden hoe moeilijk het voor haar was om haar dochter te zien lijden, en hoe de mededeling van haar dochter bij haarzelf de gevoelens van angst, schaamte en onmacht over haar eigen borstkanker weer activeerde. Wanneer ze al deze gevoelens gewaarwordt en kan laten bestaan, komt er vanzelf iets naar boven wat ze met haar dochter kan delen, waardoor die zich gezien voelt in haar lijden en gesteund voelt door haar moeder.

Parental experiential avoidance speelt zich af op verschillende niveaus. Laat ik een eenvoudiger voorbeeld geven dan een (ernstige) lichamelijke of mentale aandoening. Stel, je kind komt voor de zoveelste keer uit bed omdat hij niet kan slapen, hij voelt zich ellendig en maakt zich er zorgen over dat hij weer niet kan slapen en dat hij zich dan morgen weer zo moe voelt. Als ouder is het eerste niveau van experiential avoidance dat je niet wilt dat je kind ligt te woelen in bed, zich zorgen maakt, morgen moe op school zit. Je wilt dat je kind gelukkig en blij en fit is. Je zou je kind het liefst met een toverstaf in slaap willen brengen om al deze negatieve gevoelens en gevolgen bij het kind op te heffen.

Het tweede niveau van experiential avoidance betreft de gevoelens en gevolgen bij jou als ouder als je kind voor de zoveelste keer uit bed komt. Stress en irritatie omdat je nog werk moet afmaken vanavond, wat niet lukt als je steeds aandacht moet geven aan je kind, teleurstelling omdat je kind niet zo makkelijk slaapt als andere kinderen (althans dat denk je), uitputting omdat jij ook een zware dag achter de rug hebt en behoefte hebt aan tijd voor jezelf, zorgen of angst over de gevolgen van het niet kunnen slapen voor je kind, dat hij het daardoor niet zo goed op school zal doen, schaamte tegenover de leerkracht als jouw kind zo slaperig op school zit, dat de leerkracht denkt dat jij je kind niet op tijd naar bed stuurt, somber omdat je jezelf een incapabele ouder vindt die je kind niet kan laten slapen, boosheid omdat je huisarts en andere hulpverleners het slaapprobleem van je kind niet serieus nemen en jou er alleen mee laten worstelen et cetera.

Als ouder heb je de neiging om zowel de nare gevoelens bij het kind, als bij jezelf door het probleem van het kind, te vermijden. Wellicht stuur je je kind boos naar bed, of geef je je plannen voor die avond op en kruip je bij je kind in bed omdat hij dan meteen in slaap valt. Deze ouderlijke reacties kunnen in het teken staan van het vermijden van nare gevoelens bij je kind en bij jezelf. Wat zou er gebeuren als je stil blijft staan bij (gaat zitten met) wat je allemaal voelt bij het niet kunnen slapen en uit bed komen van je kind? Als je een adempauze neemt elke keer als je kind uit bed komt, je lichaam voelt, je ademhaling? Je je bewust wordt van al die verschillende gevoelens, gedachten, zorgen en reacties die in je opkomen wanneer je kind uit bed komt? En tegen jezelf zeggen: 'Het is oké, laat het me voelen!' Dit is het begin van acceptatie dat je kind zich zo voelt als het zich voelt, en jij je zo voelt als jij je voelt, en deze acceptatie geeft je de ruimte om een bewuste beslissing te nemen over hoe je met dit gedrag van je kind zult omgaan.

Met welk gedrag of karaktertrek van je kinderen je ook worstelt – niet kunnen slapen, driftbuien als ze hun zin niet krijgen, weigeren te eten tijdens de maaltijden, niet zindelijk worden, snoepen terwijl ze al te dik zijn, spijbelen, alleen maar achter de computer zitten, niet tegen hun verlies kunnen, broertjes of zusjes treiteren, krijsen als je hun haar wilt kammen, niets opruimen, te veel drinken, overal tegen opzien, huiswerk niet maken, et cetera, et cetera – word je bewust van je eigen emotionele en lichamelijke reactie wanneer dit gedrag of de karaktertrek zich voordoet, observeer heel nauwkeurig wat er met jou gebeurt. Waar verzet je je tegen?

Wat mag er niet gevoeld worden? Beweeg met je aandacht naar die gevoelens en lichamelijke reacties toe in plaats van ervan weg. Neem een adempauze. Geef jezelf compassie als je dat fijn vindt. Denk dan aan het gebed om kalmte: Schenk mij de kalmte om te aanvaarden wat ik niet kan veranderen, de moed om te veranderen wat ik kan veranderen, en de wijsheid om het verschil hiertussen te zien.

Maar ook bij veranderbaar gedrag is je startpunt te accepteren dat het *nu* zo is. Meditatieleraar Thich Nhat Hanh noemt dit zo prachtig: 'The suchness of things'. Als je thuiskomt na een drukke werkdag en je treft het huis, dat je 's morgens netjes achterliet, in een grote chaos aan, ga dan in de chaos zitten, kijk rond, neem alles aandachtig in je op, merk op wat er vanbinnen gebeurt, wat voel je, wat gebeurt er in je lichaam, welke actieneigingen merk je op? Zie het huis precies zoals het nu is. Zeg tegen jezelf: 'Laat het me voelen.' Pas dan, bewust van de situatie, en je eigen emotionele reactie, kies je wat je gaat doen. En of dat alsnog boos worden is (maar dan bewust, pedagogisch), heldere instructies geven over wat je van wie verwacht bij het opruimen, zelf aandachtig gaan opruimen, of de boel de boel laten, het is nu een bewuste keuze geworden vanuit bewustzijn van de situatie en van je eigen gemoedstoestand.

Soms komen ouders voor veel zwaardere situaties te staan die ze moeten leren accepteren. Dat hun kind een chronische of degeneratieve ziekte heeft, opgenomen moet worden en sondevoeding moet krijgen omdat het zich doodhongert, dat hun kind verslaafd is en niet behandeld wil worden, dat hun kind niet meer bij hen wil wonen, dat hun kind een gevaar voor anderen is en dat het in een gesloten inrichting behandeld moet worden, dat hun kind niet meer wil leven, dat hun kind op de vlucht gestorven is. In je meditatie kun je deze ouders in gedachten nemen, en ze kracht en troost of wat er maar in je opkomt toewensen.

OEFENINGEN

Gelijkmoedigheid

Beoefen gelijkmoedigheid ten opzichte van het weer. Als je morgenvroeg het huis verlaat, kijk dan naar de hemel, voel de temperatuur, de vochtigheid van de lucht, merk het effect op van de zon of de regen, met gelijkmoedigheid. Hoe voelt de wind tegen je gezicht, de regen op je wangen, de zon op je hoofd? Hoe bewegen de wolken zich, hoeveel kleuren grijs neem je waar in de lucht, hoe beweegt de wind de bomen? Merk ook je fysieke houding op: als je merkt dat je ineenkrimpt omdat het regent of koud is, open je dan voor de kou en regen, verwelkom die, net als de zon.

Beoefen vervolgens dezelfde gelijkmoedigheid ten opzichte van de stemming of het gedrag van je kind. Dus als je baby heel lang huilt, je kind een driftbui heeft, of je puber chagrijnig is, observeer je kind dan met volle aandacht, verwelkom de stemming van je kind, merk op wat dit met je doet, zonder oordeel, en zeg bijvoorbeeld de zin 'Ook dit gaat voorbij' tegen jezelf. Cultiveer dezelfde gelijkmoedigheid wanneer je kind in een opperbeste stemming is, observeer hoe je kind er nu uitziet, hoe het zich nu gedraagt, wat dit met jou doet, en zeg zacht en vriendelijk 'Dank je wel' in jezelf, dankbaar dat je dit mag meemaken, in de wetenschap dat ook dit weer voorbijgaat.

Zitten met moeilijke gevoelens (track 8)

Het zitten met moeilijke gevoelens kan een pittige meditatie zijn, omdat de focus een moeilijk gevoel is, of een moeilijke situatie. Je kunt zelf kiezen voor een moeilijk gevoel of situatie met sterkere of minder sterke intensiteit; moe thuiskomen en zien dat de kinderen de afwasmachine nog niet hebben uitgeruimd (of zoiets) kan bijvoorbeeld al moeilijk genoeg zijn om mee te beginnen! Het advies is om de oefening een aantal keer te doen, bijvoorbeeld elke dag de komende week. Je kunt track 8 (10 minuten) gebruiken, of de tekst hieronder, zet dan een wekker na 10 minuten.

Ga zitten in meditatiehouding. Neem de tijd om goed te voelen hoe je hier zit, waar je lichaam contact maakt met de ondergrond, hoe je adem door je lichaam stroomt, en hoe het met je is.

Als je een beetje gesetteld bent, laat je een situatie naar boven komen waarin je stress of andere negatieve gevoelens ervoer, bijvoorbeeld over iets uit je ouderlijk leven, zoals dat een leerkracht een afspraak met je wil maken omdat het niet goed gaat met je kind, of een woedebui van je kind, of je kind komt met een slecht rapport thuis. Stel je de situatie zo levendig mogelijk voor, door je af te vragen: Waar was ik? Met wie was ik? Wat gebeurde er? Wat deed of zei die ander of anderen? Wat deed of zei ik?

Vraag je ook af: Hoe voelde ik me in die situatie? Wat gebeurde er in mijn lichaam? Welke emoties waren er?

Breng de aandacht nu naar je lichaam zoals je hier nu zit. Wat merk je op in je lichaam? Voel je ergens spanning of een ander gevoel? Voel heel minutieus wat er in je lichaam gebeurt. Schijn er met de lamp van je aandacht op. Zeg tegen jezelf: 'Het is oké, laat het me voelen!' Beweeg er nog wat verder naartoe met je zachte aandacht, naar die gevoelens. Laat het er zijn, zonder oordeel. Misschien kun je in- en uitademen op de plek waar je nu spanning of ongemak voelt in je lichaam. Elke keer als je merkt dat je met je aandacht weg beweegt van gevoelens van stress, spanning, ongemak of pijn breng je je aandacht er weer naartoe.

Als de oefening je te zeer overweldigt, kun je altijd terugkeren naar het voelen van je zitvlak, en naar het waarnemen van het zachte ritme van je ademhaling. Wanneer je je weer enigszins gesetteld voelt, richt je je aandacht weer op het pijnlijke, gespannen of ongemakkelijke gevoel.

Als je wilt kun je ervoor kiezen om jezelf compassie te geven terwijl je met deze moeilijke gevoelens zit. Je kunt iets tegen jezelf zeggen als: 'Wat heb ik het zwaar', 'Arme [JE NAAM], het valt niet mee om een goede ouder te zijn'. Je kunt je handen op je hartstreek leggen, of jezelf omarmen.

Het helpt om de oefening een aantal keer te doen, het kan om steeds dezelfde (opvoed)situatie gaan, of om verschillende (opvoed)situaties.

Het slechtste gedrag van je kind als meditatiebel

Bedenk welk gedrag van je kind jou het meest stoort. Het kan zijn dat je kind 's avonds steeds uit bed komt terwijl jij nu eindelijk tijd voor jezelf wilt hebben, dat je kind voortdurend zijn broertje of zusje pest, niet tegen zijn verlies kan, naar zweet stinkt en zich niet wil douchen, zich steeds verslaapt voor school et cetera. Kies er een uit, het moet gedrag zijn dat regelmatig voorkomt om goed te kunnen oefenen, en schrijf het op.

Gebruik dit gedrag een week lang als je persoonlijke meditatiebel. Elke keer dat het gedrag zich voordoet, neem je direct een 3 minutenadempauze, voordat je eventueel op het gedrag reageert. Maak notities over wat je ontdekt door dit een week lang te doen. Het kan zijn dat je ontdekkingen doet over je gevoelens en gedachten die ten grondslag liggen aan wat je zo stoort aan het gedrag van je kind, het kan zijn dat je gedrag verandert door het doen van de 3 minutenadempauze, het kan zijn dat het gedrag van je kind verandert. Sta open voor alles wat je tegenkomt bij deze oefening!

10 Schema's.
Herbeleven van je eigen kindertijd

In elk echt mens is een kind verstopt dat wil spelen.

Friedrich Nietzsche

Er is een kind in elk van ons, dat eruit komt tegenover de persoon bij wie we het meest op ons gemak zijn.

Onbekend

Het krijgen en opvoeden van kinderen (en kleinkinderen) is een unieke en een van de meest emotioneel verrijkende en bevredigende ervaringen van ons leven. In het opgroeien met onze kinderen herbeleven we onze eigen kindertijd. Wanneer we met ons kind een zandkasteel bouwen aan de vloedlijn, vechtend tegen het opkomende tij, voelen we met ons kind mee het fysieke genot van zon, water en zand, het lekker knoeien met de natte modder voor de druipkasteeltorens, het witte warme stuifzand als poedersuiker voor op de torens, de schoonheid van de schelpjes die we uitzoeken om ons kasteel te versieren, de trots van de almaar groter, sterker en hoger wordende burcht, die onneembaar lijkt, en dan onze nietigheid voelen door de immense krachten van de stroming van het water. Terwijl we met ons kind aan het bouwen zijn staat de tijd (maar niet het tij) stil: we zijn volledig aanwezig in dit moment, één met ons kind, maar herbeleven ook onze eigen jeugd, doordat we in contact zijn met het kind in onszelf dat wil spelen. Het is deze dubbele ervaring, het ervaren van ons kind en het opnieuw contact maken met onze eigen ervaringen als kind, dat ouderschap die unieke emotionele lading geeft.[1]

Niet alleen onze ervaringen van kind-zijn, maar ook onze ervaringen van opgevoed worden door onze ouders (en andere opvoeders) herbeleven we wanneer we zelf ouders worden. Ik herinner me toen ik mijn eerste kind kreeg, hoezeer ik onder de indruk was van de enorme verantwoordelijkheid die een leven lang zou duren. Opeens voelde ik nederigheid en diep respect voor mijn ouders, die deze verantwoordelijkheid voor hun vijf kinderen hadden genomen, hun leven lang, wat een immense opgave, wat een durf, wat een toewijding, wat een geloof in het leven! Als onzekere jonge ouder voelde ik opeens de wijsheid van de Bijbelse zin: 'Eert uw vader en uw moeder'.

Ik schreef mijn ouders in die eerste weken een lange brief, waarin ik terugkeek op de mooie herinneringen uit mijn opvoeding, en ze bedankte voor alles wat ze voor mij betekend hadden. Ik verbond me in die brief met hen, ouders, nu ik immers ook een ouder was geworden. Ik sprak de hoop uit dat ik wat ik van hen geleerd had zou doorgeven aan mijn zoon. Toen mijn vader, plotseling en tragisch, overleed, tien jaar later, vond ik deze brief keurig opgevouwen in het vakje van de onderlegger op zijn bureau verstopt, de plek waar ik hem meestal zag zitten. Hoe vaak had hij die brief herlezen, wat had het met hem gedaan? Ik zal het nooit weten, maar ik hoop dat ik het diepe respect, dat ik toen als kersverse ouder voelde voor hen, aan hem heb overgebracht.

Tijdens die eerste zwangerschap begon ik opeens zeer fanatiek truitjes te breien, patronen te tekenen en kleertjes te maken, lakens te naaien met zelfbedachte borduursels voor het babybedje, ja zelfs schoentjes te maken, creatief handwerk zoals ik dat van mijn moeder geleerd had, tijdens die gelukkige en oneindig durende uren uit mijn kindertijd in haar atelier, iets wat ik al jaren niet meer deed als drukke wetenschapper en psychotherapeut. Pas nu ik dit schrijf realiseer ik me dat dat niet alleen 'nestdrang' was, maar dat ik mijn jeugd aan het herbeleven was, in voorbereiding op mijn rol als ouder. Zenleraar Dogen Zenji zegt dat als je een moeder wordt wanneer je kind geboren is, je ook een kind wordt.

Het herbeleven van de positieve kanten van je jeugd en de relatie met je ouders wanneer je zelf ouder wordt is op zichzelf al een fijne ervaring, en met de bewuste intentie om die mooie ervaringen over te dragen, kun je je opvoeding verrijken en er meer van genieten. We herbeleven echter niet alleen de positieve, maar ook de negatieve kanten van onze opvoeding, en ondanks onze bewuste intentie om alleen de positieve kanten over te dragen, dragen we soms – onbedoeld – ook de negatieve kanten over, of doen we zo ons best om de negatieve kanten niet over te dragen dat we het tegenovergestelde doen en daardoor juist andere problemen creëren. De moeder die zich als kind verwaarloosd heeft gevoeld, omdat haar ouders zo druk waren met hun hotel, is nu zo beschikbaar voor haar kinderen dat zij zichzelf verwaarloost en haar kinderen verwent. De vader die vroeger nare fysieke straffen heeft gehad van zijn ouders en leerkrachten doet zo zijn best om niet boos te worden op zijn kinderen dat hij lacht wanneer ze zich misdragen, waardoor hij zijn kinderen, en zichzelf, niet serieus neemt.

De schematheorie van de Amerikaanse psycholoog Jeffrey Young[2] geeft houvast in het ontwarren van deze kluwen van herinneringen en jeugdervaringen die herbeleefd worden in het ouderschap. Schema's zijn mentale representaties van onze vroege relaties met belangrijke hechtingsfiguren, zoals onze ouders. We maken interne, mentale representaties van wat we ervaren in het contact met onze ouders, bijvoorbeeld: 'Als ik huil, dan krijg ik de borst', 'Als ik pijn heb, dan word ik getroost', 'Als ik een regel overtreed, dan krijg ik straf', maar ook: 'Als ik boos word, dan krijg ik een klap' en: 'Als ik mijn kwetsbaarheid toon, dan vinden ze mij een aansteller'.

Die representaties bestaan niet alleen uit cognities over causale verbanden in interacties, zoals de 'als... dan'-zinnen hierboven, maar ook uit emotionele en lichamelijke ervaringen, en uit gedrag. Bijvoorbeeld bij de representatie 'Als ik boos ben, krijg ik een klap' zijn de emoties woede en angst, de lichamelijke ervaring fysieke stress en pijn, en het gedrag het ontwijken van de klap of het zich terugtrekken na de klap. Schema's organiseren de werkelijkheid en generaliseren die werkelijkheid, dus het schema 'Als ik boos ben, krijg ik een klap' ontwikkelt zich tot 'Als ik boos ben, word ik afgewezen'.

Schema's worden als een geheel ervaren, we ervaren tegelijkertijd emoties, lichamelijke gevoelens, gedachten en impulsen. In dit voorbeeld is eigen boosheid aan angst (voor fysieke pijn en voor verlating) en het ontwijken van agressie of je terugtrekken gekoppeld, waardoor dit de interne representatie van de relatie met hechtingsfiguren is geworden. Iemand die dit schema heeft geïnternaliseerd zal dan ook bang zijn voor de gevolgen van het uiten van eigen boosheid en om die gevolgen te ontwijken die boosheid gaan onderdrukken, of wanneer hij boosheid uit onmiddellijk ontwijkingsgedrag vertonen, met alle gevolgen van dien voor toekomstige relaties. We worden niet als pleasers geboren, we worden zo gemaakt.

Schema's organiseren de manier waarop we relaties ervaren en tegen relaties aankijken, waarop we ons in relaties gedragen, en waarop we nieuwe relaties kiezen. Volgens Young zijn er adaptieve en maladaptieve schema's. Maladaptieve schema's kunnen ooit in een bepaalde omgeving adaptief zijn geweest. Het schema 'Als ik boos ben, word ik afgewezen' en het vervolgens onderdrukken van eigen boosheid, kan adaptief zijn geweest voor een kind dat opgroeit in een omgeving waarin boosheid steevast met een pak slaag wordt beantwoord. Schema's kunnen echter maladaptief zijn in nieuwe relaties, zoals wanneer een kind dat dit schema heeft geïnternaliseerd volwassen is en een liefdevolle partner heeft gekozen.

Schema's hebben de neiging zichzelf te bevestigen. We bevestigen onze schema's door selectieve waarneming, vertekende interpretaties, selectief geheugen, vermijding en herhaling. Een voorbeeld: iemand met het schema 'Als ik boos ben, word ik afgewezen' zal selectief de aandacht richten op situaties waarin boosheid tot afwijzing leidt. Hij zal neutrale of ambigue reacties op boosheid eerder als afwijzing interpreteren. Hij zal situaties waarin boosheid tot afwijzing leidt beter onthouden. Hij zal boosheid zo lang mogelijk onderdrukken, maar als die er dan uitkomt is de uitbarsting zo heftig dat het eerder tot afwijzing leidt. En in het ergste geval kiest hij een mishandelende partner die het schema bevestigt.

Tot zover heel in het kort de schematheorie. Hoe kan deze schematheorie behulpzaam zijn in ons ouderschap? Young onderscheidt achttien verschillende maladaptieve schema's, zoals 'verlatenheid', 'wantrouwen en misbruik', 'emotionele deprivatie', 'zelfopoffering' en 'veeleisendheid', die ontstaan door een combinatie van aanleg en omgevingsfactoren zoals de opvoeding.

Als we eenmaal zelf ouders zijn, kunnen we onze eigen maladaptieve schema's, dus onze eigen interne representaties van onze relaties met onze opvoeders en andere belangrijke hechtingsfiguren, overdragen op onze relatie met onze kinderen en op onze kinderen zelf. Onze oude maladaptieve schema's worden geactiveerd door bepaalde gebeurtenissen die we meemaken of door bepaalde scenario's die zich hoofdzakelijk in onze gedachten afspelen. Het verlatingsschema van een moeder bijvoorbeeld kan getriggerd worden wanneer haar kind in toenemende mate zelfstandig wordt en in boosheid uitroept: 'Ik wil een andere mama!' Wanneer deze moeder gescheiden is en het kind kiest de vorm 'Ik vind [naam stiefmoeder] veel liever dan jou', dan wordt haar verlatingsschema wellicht nog heftiger getriggerd. Ze zal zich dan angstig en kwetsbaar voelen, denken dat haar kind haar voor altijd zal verlaten, pijn in haar hartstreek en buik voelen en er alles aan doen om de vermeende verlating door haar kind te voorkomen, bijvoorbeeld door haar kind te verwennen of tegen het kind negatief over de vader en stiefmoeder van het kind te praten, of een juridisch gevecht aan te gaan om het voogdijschap.

Schema's kun je zien als onze gevoelige plekken, ze laten

zich niet altijd gelden. Maar wanneer ze uitgelokt zijn, veranderen ze de hele manier van denken, voelen en handelen van iemand, waardoor hij of zij kiest wat hij of zij meemaakt op een andere wijze verwerkt; Young noemt dat een 'modus'. Kathleen Restifo en ik[3] bedachten dat ouders, wanneer ze emotioneel getriggerd worden door hun kinderen, in bepaalde schematische modi kunnen schieten en van daaruit handelen, zonder dat ze dat doorhebben.

Stel dat een ouder zijn kind boos toespreekt, en met een straffende vinger naar het kind wijst, om iets wat het kind gedaan heeft. Hij denkt dat hij dat doet vanuit wat Young noemt de 'gezondevolwassenemodus'. Maar als de ouder emotioneel ergens door getriggerd is, kan het zijn dat hij (ook) vanuit een andere modus reageert, op basis van wat hij als kind met zijn ouders of andere hechtingsfiguren heeft meegemaakt. Het kan zijn dat hij vanuit zijn kindmodus reageert en/of vanuit zijn geïnternaliseerde-oudermodus. Als de 'kindmodus' actief is, dan herbeleeft de ouder zichzelf, terwijl hij in interactie is met zijn kind, als kind van zijn eigen ouders. Hij herbeleeft hoe hij zich voelde als zijn eigen ouders hem bestraften wanneer hij iets gedaan had.

Young onderscheidt drie kindmodi, maar er kunnen er meer zijn. Het kan zijn dat de ouder zich weer het 'kwetsbare kind' voelt, het kind dat afgewezen, verlaten of misschien zelfs verwaarloosd of misbruikt is. Het kan ook zijn dat hij zich weer het 'boze kind' voelt, het kind dat boos is over onvervulde emotionele behoeften en dat die boosheid uit op een kinderlijke manier, ongenuanceerd, manipulerend, egocentrisch. Het kan ook zijn dat hij zich weer het 'impulsieve of ongedisciplineerde kind' voelt, dat uiting geeft aan emoties, handelt op basis van verlangens, en zijn natuurlijke neigingen volgt, van moment tot moment en onbekommerd, zonder te letten op de gevolgen. Het kan ook zijn dat de ouder reageert vanuit zijn 'geïnternaliseerde-oudermodus'. Als die actief is, dan herbeleeft de ouder, terwijl hij in interactie is met zijn kind, de interactie(s) met zijn eigen ouders, vanuit het perspectief van zijn ouders dat hij geïnternaliseerd heeft. De ouder wordt in deze modus dus de ouder die hij als kind geïnternaliseerd heeft. Young onderscheidt twee geïnternaliseerde-oudermodi, maar er kunnen er meer zijn. De 'bestraffende ouder' bestraft het kind omdat het stout is, en de 'veeleisende ouder' oefent voortdurend dwang en druk uit op het kind om aan uitzonderlijk hoge normen en eisen te laten voldoen.

De unieke emotionele lading van het ouderschap, het helemaal in de huid van ons kind kruipen en ervaren wat ons kind ervaart, en tegelijkertijd onze eigen ervaringen als kind en onze eigen opvoeding herbeleven, maakt al onze emoties sterker, niet alleen het plezier en geluk dat we kunnen ervaren in het contact met onze kinderen, maar ook de boosheid en frustratie die we kunnen voelen, de angsten en zorgen waar we onder gebukt kunnen gaan, de schaamte, het schuldgevoel. Wanneer in het contact met je kind heftige negatieve gevoelens getriggerd zijn, is de kans groot dat je reageert vanuit een van je kind- of geïnternaliseerde-oudermodi. Deze modi kunnen elkaar ook (razendsnel) opvolgen.

Ik geef een voorbeeld van een moeder uit een van onze mindful-parentinggroepen, die een dochter met autisme opvoedt. De dochter was erg gevoelig voor pijn en begon enorm te schreeuwen als haar moeder 's morgens voor school haar haar borstelde, waardoor moeder gestrest, boos en wanhopig werd, en extra hard en snel haar haar ging borstelen, waardoor het meisje nog harder ging schreeuwen, moeder zich wanhopig ging voelen, en ging denken dat ze niet goed voor haar autistische dochter kon zorgen. Moeder en dochter waren dan emotioneel totaal uitgeput op het moment dat de dochter met de schoolbus werd opgehaald.

We vroegen de moeder of iets uit deze interactie haar aan haar jeugd deed denken, aan haar interacties met haar ouders. Ze bedacht dat zij vroeger altijd alles zelf moest doen, en weinig aandacht gehad had, omdat haar vader zelf autistisch was en haar moeder altijd druk was met haar autistische broertje, die zich vaak misdroeg. Zij mocht nooit boos of lastig zijn, want dat konden haar ouders er niet bij hebben. Ze voelde jaloezie tegenover haar broertje, en nu iets van diezelfde jaloezie tegenover haar dochter, om de aandacht die zij haar dochter geeft maar zelf van haar ouders niet gehad heeft.

We vroegen haar vervolgens of zij een van de kindmodi of geïnternaliseerde-oudermodi herkent in de interactie met haar dochter. De 'boze kind'-modus herkent ze, het kind dat boos is omdat ze geen aandacht krijgt en haar lastige broertje wel. Ook nu krijgt ze geen aandacht in het contact met haar dochter. We vroegen of ze nog andere modi herkende. De 'veeleisende ouder' herkende ze, haar ouders die van haar verwachtten dat ze alles zelf kon, terwijl ze nu zelf vindt dat ze geen goede moeder voor haar dochter is, zichzelf geen credits geeft voor wat ze allemaal voor haar dochter doet, en zich zelfs afvraagt of ze wel een goede moeder is. Ze herinnert zich bovendien dat haar moeder vroeger pardoes haar lange haar waar ze zo aan gehecht was had afgeknipt, omdat ze het niet netjes kamde. Ze herkent daarin de 'straffende ouder', die nu de haren van haar dochter te hard borstelt.

Onze laatste vraag is wat dat boze kind en die veeleisende en straffende ouder in haarzelf nodig hebben. Ze wil het boze kind troosten om wat ze niet gehad heeft van haar ouders, zeggen dat het terecht is dat ze boos is op haar ouders en jaloers is op haar broertje, omdat haar ouders haar vergaten. Ze zal het kind in zichzelf niet meer vergeten en haar vragen wat het nodig heeft. Ze zal minder hoge eisen aan zichzelf stellen, want ze doet haar best. Ze zal na het haren kammen zich even terugtrekken om zichzelf zelfcompassie te geven door haar handen op haar hartstreek te leggen en tegen zichzelf te zeggen: 'Het valt niet mee, het is een zware taak om mijn dochter op te voeden.' En wellicht is het tijd dat ze haar dochter gaat leren haar eigen haar te kammen, bedenkt ze ook nog.

Wat kun je als ouder met de schemamodi in de praktijk? Belangrijk is je te realiseren dat wanneer er bij jou tijdens een interactie met je kind stress of heftige negatieve emoties getriggerd worden, en je automatisch reageert op een manier waar je niet tevreden over bent (reactief ouderschap), je waarschijnlijk ofwel in je evolutionaire vlucht-of-vechtrespons terecht bent gekomen (zie hoofdstuk 1) ofwel in een van je 'kind- of geïnternaliseerde-oudermodi'. In zo'n getriggerde staat is de eerste stap altijd om een adempauze te nemen, en/of jezelf zelfcompassie te geven. Vervolgens kun je de kolommen hieronder invullen om zicht te krijgen op welke schemamodi wellicht getriggerd zijn, en hoe je kunt zorgen voor het kind in jezelf vanuit je gezondevolwassenemodus.

Dat je door te zorgen voor het kind in jezelf ook het beste uit jezelf als ouder haalt, en dus het beste voor je kind zorgt, zal duidelijk zijn. In onze mindful-parentinggroepen zie ik ouders opeens herkennen hoe zij zelf in een woedebui terechtkomen ('boze kind'-modus) op het moment dat hun kind een woedebui heeft. Op het moment dat een ouder dat ziet, is er al veel gewonnen. In het leerproces kunnen namelijk vier fasen worden onderscheiden: onbewust onbekwaam, bewust onbekwaam, bewust bekwaam, en onbewust bekwaam. Op het moment dat ouders herkennen dat hun 'boze kind'-modus getriggerd is, zijn ze van 'onbewust onbekwaam' naar 'bewust onbekwaam' opgeschoven.

Dat je heel goed voor jezelf moet zorgen op het moment dat je boos bent, wordt fraai verwoord door Thich Nhat Hanh:[4]

> Boosheid is als een jammerende baby, lijdend en huilend. De baby heeft zijn moeder nodig die hem tegen zich aan houdt. Jij bent de moeder voor je baby, je boosheid. Als je begint met mindful in- en uitademen heb je de energie van een moeder, om de baby te wiegen en te omhelzen. Omhels simpelweg je boosheid, adem simpelweg in en uit, dat is goed genoeg. De baby zal onmiddellijk verlichting voelen. [...] Omhels je boosheid met veel tederheid. Je boosheid is niet je vijand, je boosheid is je baby.

OEFENINGEN

Retraite in je eigen gezin

Een retraite houden, te midden van je gezin, helpt je om je mindfulnessbeoefening te integreren met je gezinsleven en rol als ouder. Het lijkt een beetje op de Joodse sabbat, die ik een keer heb mogen meemaken. Toen ik met mijn gezin in Londen verbleef, gingen wij op sabbat op bezoek bij Joodse vrienden. Zij hadden al het eten voor deze dag de avond van tevoren bereid, want op sabbat mag er niet gewerkt worden. De ouders en hun kinderen zaten in de tuin, er werd gesproken, geknuffeld, een gezelschapsspelletje gedaan, gespeeld in het gras, gevoetbald. Beide ouders maakten een volstrekt ontspannen en open indruk. Iedereen deed zich tegoed aan de heerlijke baksels die klaarstonden. Er was geen telefoon, geen krant, geen tv. Wanneer de kinderen naar vrienden wilden, mochten ze die niet bellen, en moesten ze ernaartoe lopen, want er werd op de sabbat geen gebruikgemaakt van openbaar vervoer. Er hing een gevoel van vrede en saamhorigheid, van warmte, van eindeloze tijd. We voelden ons zo welkom en verrast door deze kalme sfeer in het drukke Londen dat we al onze plannen voor die dag lieten varen en er de hele dag bleven.

Kies een dag uit waarop je gezinsleden er zijn, en je geen verplichtingen of afspraken hebt, bijvoorbeeld een zaterdag of zondag. Zeg van tevoren tegen je partner dat je een mindfulnessdag gaat houden, leg kort uit wat je gepland hebt om deze dag te doen en wat je van je partner nodig hebt. Hoeveel uitleg je je kinderen van tevoren geeft, hangt van hun leeftijd af.

Op je retraite sluit je je af voor externe input: de televisie, muziek (zelf muziek maken of het luisteren naar zelfgemaakte muziek van gezinsleden kan wel), krant, e-mail, internet, telefoon, post. Zorg er daarom voor dat er in de kamers waar je die dag zult zijn, geen computer, televisie, radio/muziek en mobiel aan is. Vermijd ook om te lezen of dingen voor je werk te doen. Drink geen alcohol, en koffie met mate.

Doe alles wat je doet mindful. Wanneer je huishoudelijke klusjes doet, doe ze als een monnik, helemaal toegewijd aan het klusje waar je op dat moment mee bezig bent (afwassen, aardappels schillen, planten verzorgen), zonder je te haasten om een doel te bereiken, om het af te krijgen. Zet jezelf volledig in voor het werk dat je gepland hebt om te gaan doen op je mindfulnessdag, en vraag jezelf niet af waarom andere gezinsleden dit niet doen.

Maak een dagprogramma (noteer in je schrift), dat bestaat uit periodes van meditatie en yoga, mindful eten en drinken, werkmeditatie (werk dat herhalend is en niet stressvol, zoals schoonmaken, tuinieren, strijken), mindfulle activiteiten met je kinderen doen of gewoon met volledige aandacht met je kinderen zijn, en met je partner. Bijvoorbeeld:

7.00   Ochtendzitmeditatie
7.45   Mindful het ontbijt klaarmaken
8.00   Mindful een kop thee drinken voordat je de andere gezinsleden wekt
8.15   Mindful je gezinsleden wekken (neem voordat je ze wakker maakt de tijd om naar ze te kijken)
8.30   Mindful eten, mindful drinken, mindful gezinsleden bedienen, mindful spreken en mindful luisteren tijdens het ontbijt
9.30   Een uur wandelen, alleen of met gezinsleden, oefen in dat geval met mindful spreken en luisteren en laat ook periodes van stiltes tijdens het wandelen bestaan

10.30 Mindful spelen, zijn of praten met je kinderen
11.00 Mindful tuinieren
12.30 Mindful koffiedrinken
12.45 Mindful de lunch klaarmaken
13.15 Mindful lunchen
14.15 Slapen, rusten of mediteren
15.00 Mindful spelen, zijn of praten met je kinderen
15.30 Mindful yoga of een andere fysieke activiteit die goed voelt voor het lichaam (zoals zwemmen)
16.30 Mindful een spiritueel boek lezen of mindful tekenen of muziek maken
17.30 Mindful het avondeten bereiden en mindful de taken verdelen onder de gezinsleden wat jij wilt dat ze doen voor het eten
18.30 Avondeten, mindful eten, spreken, luisteren
20.00 Mindful wandelen, of een spel spelen met je gezin
21.00 Mindful je kinderen naar bed brengen
21.30 Mediteren
22.15 Gaan slapen

Schemamodi herkennen

Beschrijf een typische ouder-kindinteractie waarin je je getriggerd voelt door het gedrag van je kind(eren), er stress of heftige emoties optreden, en je niet tevreden bent over je gedrag (reactief ouderschap). Kijk of de situatie je doet denken aan je eigen jeugd en of je kind- of geïnternaliseerde-oudermodi kunt ontdekken. Bedenk hoe je kunt zorgen voor het kind in jezelf. Hiernaast een voorbeeld:

Trigger
→ Beschrijf de stressvolle interactie

De kinderen maken lawaai terwijl onze benedenbuurvrouw daar woedend van kan worden, mijn man negeert het of doet mee met de kinderen.

Gedragspatroon
→ Beschrijf je reactief ouderschap

Ik blijf maar waarschuwen, maar niemand luistert.

Eigen levensgeschiedenis
→ Doet de situatie je denken aan iets uit je eigen jeugd

Ik moest thuis altijd zachtjes doen omdat mijn moeder chronisch ziek was, door mijn zieke moeder had ik al jong veel verantwoordelijkheden, en moest ik voor mezelf zorgen.

Schemamodi
→ Beschrijf de 'boze, kwetsbare, of impulsieve kind'-modus en/of de veeleisende of straffende geïnternaliseerde-oudermodus

Kwetsbaar kind dat zich zorgen maakte over haar moeder, veel alleen was, erg haar best deed en weinig aandacht kreeg.

Wat heb ik nodig?
→ Hoe zorg ik voor mijn innerlijke kind, adempauze, zelfcompassie

Ik realiseer me nu dat ik me afzonder maar niet alleen ben, mijn man kan me helpen met dit probleem met de onderbuurvrouw, ik ga het met hem bespreken, en vraag hem mij te steunen omdat ik me er kwetsbaar in voel. Als de kinderen weer lawaai maken of de buurvrouw boos is neem ik eerst een adempauze voordat ik handel.

11 Een leven lang ouder zijn

Perfect love sometimes does not come until the first grandchild.

Welsh gezegde

Terwijl ik in de stoel van mijn tandarts lig, die hoge eisen aan haar werk stelt en in wie ik veel vertrouwen heb, met mijn mond vol met apparatuur, waardoor ik onmogelijk iets terug kan zeggen, begint zij: 'Ik heb je gegoogled... dat mindful parenting, ik zou willen dat ik dat had gehad toen mijn kind nog klein was. Ik weet nog hoe ik toen zij nog een baby was er na een dag werken in mijn praktijk tegen opzag naar boven te gaan, waar ik de oppas met haar bezig hoorde. Ik stelde dat moment dan uit, door nog wat administratief werk te doen. Het werk was zo voorspelbaar, zo anders dan het moederschap. Nu is ze een jongvolwassene en is het te laat om me daar nog mee bezig te houden...' Nee, wilde ik zeggen, maar ik kon niet praten met die apparaten in mijn mond, het is nooit te laat om met aandacht naar je ouderschap te kijken, met hernieuwde aandacht met je kind om te gaan, je bent een leven lang ouder.

Toen ik begon met het geven van mindful-parentingcursussen, aan ouders van pubers met ernstige gedragsproblemen[1] (van wie sommigen een strafblad hadden, niet meer naar school gingen, niet meer thuis wilden wonen of thuis niet meer welkom waren, drugs gebruikten, en waarbij de conflicten tussen ouder en kind soms gevaarlijk werden), verzuchtten ouders vaak na afloop: 'Waarom heb ik deze cursus niet eerder gedaan, dan had misschien kunnen voorkomen kunnen worden dat de problemen zo uit de hand zouden lopen.' Daarom pasten we de cursus aan voor ouders van jongere kinderen met gedragsproblemen, en nu geven we mindful parenting aan ouders met hun baby erbij[2] en aan zwangere koppels.[3]

Eva Potharst, mindful-parentingtrainer en infant mental health-specialist, ontwikkelde de cursus 'Mindfulness met je baby', en mediteert met groepen moeders en hun baby's. Daarbij oefenen de moeders beurtelings om met volledige aandacht bij hun baby te zijn (wat heeft de baby nodig, wat wil het zeggen, wat ziet het?), en dan weer om de aandacht naar binnen te richten om zelf te mediteren (wat heb ik nodig, hoe is het met mij, wat ervaar ik nu?), en zo een balans te vinden tussen aandacht voor zichzelf en aandacht voor het kind.

Irena Veringa, mindful-parentingtrainer en vroedvrouw, geeft Mindfulness Based Child Birthing and Parenting-training aan groepen zwangere vrouwen met stress en angst voor de zwangerschap, bevalling en het toekomstig ouderschap, en aan hun partners. Door met bewuste, op het hier-en-nu gerichte, onbevooroordeelde aandacht de veranderingen in het lichaam tijdens de zwangerschap, de bevalling en daarna waar te nemen, en het zich ontwikkelende kind en de veranderende relatie tussen de aanstaande ouders, wordt mindful ouderschap vanaf het allerprilste begin beoefend.

Gelukkig zijn we nooit te laat om te leren, en relaties blijven zich ontwikkelen, een leven lang. In elke fase van het ouderschap, en het grootouderschap, kunnen we onbevooroordeelde, bewuste, op het hier-en-nu gerichte aandacht voor onze kinderen, kleinkinderen, en onze interactie met hen cultiveren. Nu mijn oudste kinderen volwassen zijn ontdek ik heel nieuwe kanten aan mindful ouderschap. Soms maak ik me zorgen over hoe het met ze gaat, zeker wanneer ze tegenslagen te verwerken hebben, zoals ziekte, het einde van een relatie, geen baan kunnen vinden, of wanneer ze reizen in onveilige gebieden, of wel erg hard werken of veel feesten. Ik heb dan de neiging om weer voor ze te gaan zorgen of me ongevraagd te bemoeien met hun leven en hun te vertellen hoe zij moeten leven (alsof ik dat weet). Het vertrouwen dat zij hun eigen keuzes kunnen maken, zelf de risico's kunnen inschatten en de gevolgen daarvan kunnen overzien, is wat zij van mij nodig hebben, maar dat vind ik niet altijd even makkelijk. Ik weet dat alleen wanneer ik ze in hun ware aard zie, in hun heelheid, en ze in liefde loslaat, ze als ze daar behoefte aan hebben naar mij toe zullen komen voor aandacht, steun en soms voor mijn visie (wat iets anders is dan ongevraagd advies).

Wel kan ik stilstaan (stilzitten) bij wat ik nodig heb om ze los te laten. Ik weet nog toen mijn zoon, net zeventien, een lange reis door India ging maken (iets wat ik ook altijd al heb willen doen maar waarvoor ik zelf nog niet de moed gevonden heb), hij zelf bedacht had ons eens in de week een mail te sturen met een reisverslag, wat het voor mij veel makkelijker maakte erop te vertrouwen dat hij veilig was, en ik bovendien een beetje kon meebeleven wat hij daar meemaakte. Kinderen hebben de ruimte nodig om hun eigen fouten te maken en daarvan te leren. Wanneer ze fouten gemaakt hebben, hopen we dat ze ons zo vertrouwen dat ze bij ons komen uithuilen als ze daar behoefte aan hebben, en dat zullen ze alleen doen als zij weten dat wij niet zullen zeggen: 'Maar ik had je toch gezegd dat...' Thich Nhat Hanh[4] zegt hierover:

> Soms zien wij onze kinderen dingen doen waarvan wij weten dat zij daardoor in de toekomst zullen lijden, maar wanneer wij hen dat duidelijk proberen te maken, willen zij niet naar ons luisteren. Alles wat wij kunnen doen, is de zaden van 'juist zien' in hen stimuleren. Later zullen zij daar dan tijdens moeilijke momenten misschien profijt van hebben. Wij kunnen niet aan iemand die nog nooit een sinaasappel heeft geproefd, uitleggen wat een sinaasappel is. Hoe goed wij deze ook beschrijven, wij kunnen een ander niet de rechtstreekse ervaring geven. Hij moet de sinaasappel zelf proeven. 'Juist zien' kan niet worden beschreven. Wij kunnen alleen de juiste richting wijzen. 'Juist zien' kan zelfs niet door een leraar worden overgedragen. Een leraar kan ons helpen het zaad van 'juist zien' te identificeren dat zich al in onze tuin bevindt, en kan ons helpen het vertrouwen te hebben om dat zaad aan de grond van ons dagelijks leven toe te vertrouwen. Maar wij zijn de tuiniers. Wij moeten leren hoe wij die heilzame zaden in ons water dienen te geven om ze tot de bloemen van 'juist zien' te laten uitgroeien. Het hulpmiddel waarmee heilzame zaden water wordt gegeven, is oplettend leven – oplettend ademhalen, oplettend lopen, elk moment van de dag in oplettendheid leven.

Niet alleen is het nooit te laat om mindful ouderschap te beoefenen, we zullen het eindpunt ook nooit bereiken, we zullen nooit een volledig mindfulle ouder worden, het gaat om het proces van het steeds weer zo goed mogelijk cultiveren. Elke keer als ik 'de fout in ga' in interactie met mijn kinderen, kan ik ermee gaan zitten, er met aandacht naar kijken, naar de interactie, en naar mezelf. Ik kan mezelf compassie geven, en me verbinden met andere ouders die ook fouten maken. Ik kan terugkomen op de interactie of ik kan ervan leren voor volgende interacties. Elke dag kunnen we opnieuw beginnen met mindful ouderschap!

OEFENINGEN

Mindful-parentingplan voor de komende 11 weken

Maak een plan hoe je mindfulness en mindful parenting wilt inbouwen in je leven, en begin met een plan voor een beperkte tijdsperiode. Dit kan bijvoorbeeld de komende 11 weken zijn, als je dit boek als een zelfhulpcursus hebt doorgewerkt waarbij je een hoofdstuk per week hebt gelezen en die week de bijbehorende oefeningen hebt gedaan. In je plan kan staan hoe vaak per week je wilt mediteren, welke meditatie je wilt doen, waar, wanneer en hoelang (hoe concreter je dat plan maakt, hoe groter de kans dat je het ook echt gaat doen).

Je kunt ook mindful-parentingoefeningen inplannen, zoals met aandacht met je kind bepaalde dingen doen, een mindfulle wandeling met je gezin maken in de natuur. Wellicht wil je ook een stiltedag of -retraite volgen, yogalessen nemen, een meditatiegroep starten et cetera. Samen mediteren kan motiverend werken, net als samen sporten. Hang het plan ergens op zodat je het niet vergeet. Kijk aan het einde van de geplande tijdsperiode, bijvoorbeeld over 11 weken, terug naar je plan, hoe is het gegaan?

11 tips voor alledaags mindful ouderschap

1 Onthoud de wijze les van de stewardess in het vliegtuig: Zet eerst je eigen zuurstofmasker op, voordat je dat van je kind opzet. Als je niet voor jezelf zorgt, hoe kun je dan voor je kind zorgen? Als je jezelf hier schuldig over voelt, doe het dan voor je kind.

2 Kies je eigen persoonlijke gezinsmeditatiebel – je baby die huilt, je kinderen die ruziemaken, je kind dat schreeuwt, een ruzie met je partner, een vol aanrecht. Maak van de situatie gebruik om ten minste één ademhaling bewust te volgen, de hele weg naar binnen en de hele weg weer terug.

3 Adem wanneer je wakker wordt drie keer mindful in en uit voordat je uit je bed gaat. Of luister een minuut met volle aandacht naar alle geluiden, van dichtbij en van ver weg. Hoor je je partner ademen, hoor je je kind wakker worden? Of doe een kijkmeditatie van een minuut, kijk rond in de slaapkamer en observeer alsof het de eerste keer is dat je de slaapkamer ziet, of observeer je partner die naast je ligt.

4 Observeer je kind mindful, met een 'beginnersblik'. Bijvoorbeeld wanneer je kind uit school komt, gaat slapen, wakker wordt, aan het eten is et cetera. Zie het wonder dat jouw kind is. Zeg eventueel in gedachte tegen je kind: 'Namaste' (wat betekent: ik groet het goddelijke in je).

5 Wanneer zich stressvolle interacties voordoen tussen jou en je kind, voel dan waar je lichaam contact maakt met waar je op zit of staat. Observeer je ademhaling.

6 Luister mindful naar je kind, spreek mindful tegen je kind. Adem tussen je zinnen.

7 Herinner jezelf eraan, juist op momenten dat je het moeilijk hebt met je kind of de opvoeding, dat je kind je persoonlijke zenmeester is, die gestuurd is vanuit een hogere autoriteit, om je alles te leren over jezelf, je kind en de wereld.

8 Loop wanneer je je kind van school of van de kinderopvang haalt de laatste stappen in volle aandacht of sta even stil, bewust van je lichaam, je ademhaling, het contact met de grond. Ben je er klaar voor om echt aanwezig te zijn, op het moment dat je je kind weer ziet?

9 Doe gedurende de dag je werk in huis mindful, geef je kind mindful te eten, doe mindful de boodschappen et cetera. Kijk of je elke dag steeds meer van dit soort momenten kunt creëren.

10 Maak mediteren onderdeel van je dagelijkse routine: iets wat je doet of je er nou zin in hebt of niet. Net als het poetsen van je tanden, douchen, eten of sporten. Het maakt niet uit of het een minuut is of een uur, het gaat erom dat je elke dag even op je meditatiekussen zit, dat het een routine wordt.

11 Herinner jezelf eraan dat het nooit te laat is om je inten-

tie te hernieuwen om mindfulness te beoefenen en een mindful ouderschap te ontwikkelen. De volgende ademhaling wacht altijd op je, en de volgende interactie met je kind ook.

Verantwoording

De hoofdstukken van dit boek sluiten als volgt min of meer aan op de acht sessies van de mindful-parentingcursus zoals beschreven in het boek *Mindful ouderschap. Een praktische gids voor hulpverleners* van Bögels & Restifo.

1. Aandachtig ouderschap (bij sessie 1)
2. Je eigen ouder zijn (bij sessie 3)
3. Ouderlijke stress (bij sessie 4)
4. Ouderlijke verwachtingen en de ware aard van het kind (bij sessie 2)
5. Ruzie en reparatie (bij sessie 6)
6. Samen ouder zijn in goede en slechte tijden (bij sessie 6)
7. Grenzen stellen (bij sessie 7)
8. Schuld en schaamte (bij sessie 5)
9. Liefde maakt blind (bij sessie 7)
10. Schema's (bij sessie 5)
11. Een leven lang ouder zijn (bij sessie 8 en de follow-up-sessie)

Als je een mindful-parentingcursus in groepsverband wilt volgen onder begeleiding van een opgeleide mindful-parentingtrainer, dan kun jij bij www.uvamindsyou.nl een lijst vinden van mindful-parentingtrainers die bij UvA minds You getraind en gecertificeerd zijn volgens de door ons ontwikkelde methode.

Naast mindful-parentingtrainingen zijn er algemene mindfulnesstrainingen die je kunt volgen om je te bekwamen in mindfulness en meditatie, worden vanuit vele centra 'stiltedagen' aangeboden om een dag samen te mediteren, en kun je retraites volgen waarin je in groepsverband een aantal dagen mediteert.

Audiotracks horend bij dit boek:

1. Zitmeditatie I, adem en lichaam, 10 minuten
2. Bodyscan, 10 minuten
3. Zitmeditatie II, geluiden en gedachten, 10 minuten
4. Ademruimte, 3 minuten
5. Loopmeditatie, 10 minuten
6. Keuzeloos-gewaarzijnmeditatie, 10 minuten
7. Mindful bewegen, 10 minuten
8. Zitten met moeilijke gevoelens, 10 minuten

Dankwoord

Uitgeverij Ambo|Anthos, en speciaal redacteur Frederike Doppenberg, dank voor het warme welkom in de wereld van de publieke boeken, voor het in mij gestelde vertrouwen, en de steun en begeleiding bij de totstandkoming van dit boek.

Ik ben een aantal internationale mindfulnesstrainers en onderzoekers speciaal dankbaar voor de inspiratie en steun die ik van ze heb mogen ontvangen in mijn ontwikkeling van mindful parenting: Chris Germer, Nirbhay Singh, Lienhard Valentin, Mark Williams, Jon en Myla Kabat-Zinn. Collega-onderzoekers, collega-therapeuten en collega-mindfulnesstrainers, wat prijs ik mezelf gelukkig dat ik met jullie mag samenwerken aan mindful-parentingtraining en -onderzoek. Ik heb niet genoeg ruimte om alle collega's persoonlijk te bedanken, maar noem speciaal de volgende mensen vanwege de rol die ze hebben gespeeld in het onderzoek en de klinische ontwikkeling van mindful parenting: Evin Aktar, Jeanine Baartmans, Julia Biester, Esther de Bruin, Eddie Brummelmans, Lisa Emerson, Anne Formsma, Joke Hellemans, Renée Meppelink, Dorreke Peijnenburg, Eva Potharst, Anna Ridderinkhof, Damiet Truijens, Rachel Vandermeulen en Irena Veringa.

Ouders die aan onze mindful-parentingcursussen hebben deelgenomen, jullie zijn zo'n belangrijke bron van inspiratie voor het denken over mindful opvoeden, dank voor jullie vertrouwen. Professionals die onze mindful-parentingopleiding, in Nederland en internationaal, hebben gevolgd, door de open wijze waarmee jullie de opleiding volgden, niet alleen als professional maar ook als mens en ouder, heb ik zoveel geleerd. Renée Gloudemans, jij steunde mijn overgang van schrijven voor wetenschappers en clinici naar schrijven voor ouders, door me te laten geloven in mijn eigen stem. Walter Baghuis, dank voor je enthousiaste feedback op het boek en meedenken over de titel.

Mijn ouders, Joop en Nans, ik profiteer steeds meer van de voor die tijd bijzondere opvoeding die ik genoten heb. Mijn broer en zussen, Paul, Gert, Corien en Cecile, jullie horen onlosmakelijk bij mijn opvoeding, dank voor jullie liefde, steun en gezelschap, voor de eindeloze uren spelen en kletsen, nog steeds verlang ik weleens terug naar hoe we vroeger samenleefden, maar wie weet gaan we dat als oude besjes nog eens doen! Mijn kinderen, Thomas, Renate en Leyla, met jullie bestaan geven jullie zin aan mijn leven, het is een voorrecht om met jullie te mogen groeien!

Noten

Voorwoord

1 Kabat-Zinn, J. (2013). *Full Catastrophe Living (Revised Edition): Using the Wisdom of Your Body and Mind to Face Stress, Pain, and Illness.* Londen: Hachette UK.
2 Hendriks J.V. (1909). *Handwoordenboek van Nederlandsche Synoniemen (1908).* Leiden: D. Mijs.
3 Kabat-Zinn, M. & Kabat-Zinn, J. (1998; 2014). *Everyday Blessings: The Inner Work of Mindful Parenting.* Londen: Hachette UK.
4 Bögels, S. & Restifo, K. (2014). *Mindful Parenting: A Guide for Mental Health Practitioners.* New York: Springer, Norton. Nederlandse vertaling: Bögels, S.M. & Restifo, K. (2013). *Mindful ouderschap. Een praktische gids voor hulpverleners.* Houten: Lannoo Campus. Bögels, S.M. & Restifo, K. (2013). *Mindful ouderschap. Werkboek voor ouders.* Houten: Lannoo Campus.
5 Kabat-Zinn, M. & Kabat-Zinn, J. (2012). p.c., sept.
6 Bögels, S.M., Rijsemus, W. & de Jong, P.J. (2002). 'Self-focused attention and social anxiety: The effects of experimentally heightened self-awareness on fear, blushing, cognitions, and social skills'. *Cognitive Therapy and Research*, 26, 461-472.
Bögels, S.M., Alberts, M. & de Jong, P.J. (1996). 'Self-consciousness, self-focused attention, blushing propensity and fear of blushing'. *Personality and Individual Differences*, 21, 573-581.

Bögels, S.M. & Lamers, C.T.J. (2002). 'The causal role of self-awareness in blushing-anxious, socially-anxious and social phobics individuals'. *Behaviour Research and Therapy*, 40, 1367-1384.
7 Bögels, S.M., Mulkens, S. & de Jong, P.J. (1997). 'Practitioner task concentration report training and fear of blushing'. *Clinical Psychology and Psychotherapy*, 4, 251-258.
8 Bögels, S.M., Hoogstad, B., van Dun, L., de Schutter, S. & Restifo, K. (2008). 'Mindfulness training for adolescents with externalizing disorders and their parents'. *Behavioural and Cognitive Psychotherapy*, 36, 193-209.
9 Bögels, S.M., Hellemans, J., van Deursen, S., Römer, M. & van der Meulen, R. (2014). 'Mindful parenting in mental health care: Effects on parental and child psychopathology, parental stress, parenting, coparenting, and marital functioning'. *Mindfulness*, 5, 536-551.
10 Meppelink, R., de Bruin, E.I., Wanders-Mulder, F.H., Vennik, C.J. & Bögels, S.M. (2016). 'Mindful parenting training in child psychiatric settings: Heightened parental mindfulness reduces parents' and children's psychopathology'. *Mindfulness*, 7, 680-689.
11 Potharst, E.S., Baartmans, J.M.D. & Bögels, S.M. (aangeboden). *Mindful parenting in a clinical versus non-clinical setting: An explorative study.*
12 Zie noot 4.

1 Aandachtig ouderschap. Er zonder (voor)oordeel bij zijn

1 Knausgård, K.O. (2016). *Herfst: De 4 seizoenen I. Brief aan een ongeboren dochter*, 19. Amsterdam: De Geus.
2 Bianchi, S.M. (2000). 'Maternal employment and time with children: Dramatic change or surprising continuity?'. *Demography*, 37, 401-414.
3 Valentin, L. & Kunze, P. (2010). *Die Kunst, gelassen zu erziehen: Buddhistische Weisheit für den Familienalltag*. Munchen: Gräfe und Unzer.
4 [Eisi4] (15 juni 2009). *Pflege I-1: LOCZY – Wo kleine Menschen groß werden*

[Video file]. Verkregen van: https://www.youtube.com/watch?v=AG7MUM_d32I.
5 Fonagy, P., Gergely, G. & Jurist, E.L. (red.) (2004). *Affect Regulation, Mentalization and the Development of the Self.* Londen: Karnac Books.
6 Frith, U. (1991). 'Asperger and his syndrome'. *Autism and Asperger syndrome,* 14, 1-36.
7 Bögels, S.M. & Restifo, K. (2013). *Mindful ouderschap. Een praktische gids voor hulpverleners.* Houten: Lannoo Campus, hoofdstuk 2: 'Een evolutionaire blik op opvoeden en opvoedingsstress'.
8 Segal, Z.V., Williams, J.M.G. & Teasdale, J.D. (2012). *Mindfulness-based Cognitive Therapy for Depression.* New York: Guilford Press.
9 Bögels, S.M., & van Oppen, P. (red.) (2015). *Cognitieve therapie: theorie en praktijk.* Houten: Bohn Stafleu van Loghum.
10 de Vente, W., Majdandžić, M., Colonnesi, C. & Bögels, S.M. (2011). 'Intergenerational transmission of social anxiety: The role of paternal and maternal fear of negative child evaluation and parenting behaviour'. *Journal of Experimental Psychopathology,* 2, 509-530.
11 Dumas, J.E. & LaFreniere, P.J. (1993). 'Mother-child relationships as sources of support or stress: A comparison of competent, average, aggressive, and anxious dyads'. *Child Development,* 64, 1732-1754.

2 Je eigen ouder zijn. Zelfzorg en compassie

1 Nhat Hanh, T. (2003). *Creating True Peace: Ending Violence in Yourself, Your Family, Your Community, and the World.* New York: Atria Books.
2 Maex, E. (2008). *Mindfulness. In de maalstroom van je leven.* Houten: Lannoo.
3 Siegel, D. & Hartzell, M. (2003). *Parenting from the Inside Out.* New York: Tarcher.
4 Germer, C. & Siegel, R. (red.) (2012). *Wisdom and Compassion in Psychotherapy: Deepening Mindfulness in Clinical Practice.* New York: Guilford.
5 Brouwers, J. (1983). *De laatste deur. Essays over zelfmoord in de Nederlandstalige letteren.* Amsterdam: Synopsis.

6 Falconer, C.J., Slater, M., Rovira, A., King, J.A., Gilbert, P., Antley, A. & Brewin, C.R. (2014). 'Embodying compassion: A virtual reality paradigm for overcoming excessive self-criticism'. *PloS one*, 9, 1-7.
Falconer, C.J., Rovira, A., King, J.A., Gilbert, P., Antley, A., Fearon, P., Ralph, N., Slater, M. & Brewin, C.R. (2016). 'Embodying self-compassion within virtual reality and its effects on patients with depression'. *British Journal of Psychiatry Open*, 74-80.
Itkowitz, C. (17 februari 2016). 'The surprising way researchers are using virtual reality to beat depression'. *The Washington Post*. Verkregen van: https://www.washingtonpost.com/news/inspired-life/wp/2016/02/17/how-comforting-a-crying-child-in-virtual-reality-can-treat-depression-in-real-life/.
7 Neff, K. (2011). *Self-Compassion*. New York: William Morrow.
8 Zie noot 4.
9 Zie noot 6.
10 Goetz, J.L., Keltner, D. & Simon-Thomas, E. (2010). 'Compassion: An evolutionary analysis and empirical review'. *Psychological Bulletin*, 136, 351.
11 Figley, C.R., (1995). 'Compassion fatigue: Toward a new understanding of the costs of caring'. In: Stamm, B.H. (1995). *Secondary Traumatic Stress: Self-care Issues for Clinicians, Researchers, and Educators*, 3-28. Baltimore: The Sidran Press.
12 Salmela-Aro, K., Tynkkynen, L. & Vuori, J. (2011). 'Parents' work burn-out and adolescents' school burn-out: Are they shared?'. *European Journal of Developmental Psychology*, 8, 215-227.
13 Zie noot 3.
14 Nhat Hanh, T. (2010). *Healing the Inner Child*. Berkeley: Parallel Press.
15 Nhat Hanh, T. (2009). *Happiness*. Berkeley: Parallel Press.

3 Ouderlijke stress. Van overleven naar ademruimte

1 Knausgard, K.O. (2012). *Vader*, 31-32. Breda: De Geus.
2 Bögels, S.M., & van Oppen, P. (red.). (2015). *Cognitieve therapie: theorie en praktijk*. Houten: Bohn Stafleu van Loghum.

3 LeDoux, J. (1996). *The Emotional Brain: The Mysterious Underpinnings of Emotional Life*. New York: Simon & Schuster.
4 Taylor, S.E., Cousino Klein, L., Lewis, B.P., Gruenewald, T.L., Gurung, R.A.R. & Updegraff, J.A. (2000). 'Biobehavioral responses to stress in females: Tend-and-befriend, not fight-or-flight'. *Psychological Review*, 107, 411-429.
Turton, S. & Campbell, C. (2005). 'Tend and befriend versus fight or flight: Gender differences in behavioral response to stress among university students'. *Journal of Applied Biobehavioral Research*, 10, 209-232.
5 Borkovec, T.D., Alcaine, O. & Behar, E. (2004). 'Avoidance theory of worry and generalized anxiety disorder'. *Generalized Anxiety Disorder: Advances in Research and Practice*. New York: Gilford.
McLaughlin, K.A., Borkovec, T.D. & Sibrava, N.J. (2007). 'The Effects of worry and rumination on affect states and cognitive activity'. *Behavior Therapy*, 38, 23-38.
6 Tolle, E. (1999). *The Power of Now: A Guide to Spiritual Enlightenment*. San Francisco: New World Library.
7 Coyne, L.W. & Wilson, K.G. (2004). 'The role of cognitive fusion in impaired parenting: An RFT analysis'. *International Journal of Psychology and Psychological Therapy*, 4, 468-486.

4 Ouderlijke verwachtingen en de ware aard van het kind

1 Gibran, K. (2006). *The Prophet*. New York: Penguin Random House.
2 Martin, W. (1999). *The Parent's Tao Te Ching: Ancient Advice for Modern Parents*. Philadelphia: Da Capo Press.
3 Brown, B. (2013). *De kracht van kwetsbaarheid. Heb de moed om niet perfect te willen zijn*. Utrecht: A.W. Bruna Uitgevers.
4 Brown, B. 'The power of vulnerability' (TED-talk), https://www.ted.com/talks/brene_brown_on_vulnerability.
5 Siegel, R. (2016). *Achtsamkeit und Mitgefühl in Therapie und Gesellschaft* (congres), Freiburg, 23-25 sept., p.c.
6 VPRO (21 augustus 2016). *Zomergasten in vijf minuten – Griet Op den*

Beeck [Video file]. Verkregen van: https://www.youtube.com/watch?v=E8e1Hl0ACQQ.
7 Campbell, J. (1990). *The Hero's Journey: Joseph Campbell on His Life and Work.* Novato: New World Library.
8 Eigen archief, dr. Naomi Eisenberger, University of California.
9 Nathan DeWall Laboratory of Social Psychology, University of Kentucky.
10 Alessandri, S.M. & Lewis, M. (1993). 'Parental evaluation and its relation to shame and pride in young children'. *Sex Roles,* 29, 335-343.

5 Ruzie en reparatie. Verdiepen van de band

1 Lewis, J.M. (2000). 'Repairing the bond in important relationships: A dynamic for personality maturation'. *American Journal of Psychiatry,* 157, 1375-1378.
2 Vaillant G.E. (1993). *The Wisdom of the Ego.* Cambridge, Harvard University Press, 8.
3 Biringen, Z., Emde R.N. & Pipp-Siegel, S. (1997). 'Dyssynchrony, conflict, and resolution: Positive contributions to infant development'. *American Journal of Orthopsychiatry,* 67, 4-19.
4 Diamond, G.S., Wintersteen, M.B., Brown, G.K., Diamond, G.M., Gallop, R., Shelef K. & Levy, S. (2010). 'Attachment-based family therapy for adolescents with suicidal ideation: A randomized controlled trial'. *Journal of the American Academy of Child and Adolescent Psychiatry,* 49, 122-131.
5 Bögels, S.M. & Phares, V. (2008). 'Fathers' role in the etiology, prevention and treatment of child anxiety: A review and new model'. *Clinical Psychology Review,* 28, 539-558.
6 Gottman, J.M. & Krokoff, L.J. (1989). 'Marital interaction and satisfaction: A longitudinal view'. *Journal of Consulting and Clinical Psychology,* 57, 47-72.
Gottman, J.M. (1993). 'A theory of marital dissolution and stability'. *Journal of Family Psychology,* 7, 57-75.

7 Kiecolt-Glaser, J., Malarkey, W.B., Chee, M.A., Newton, T., Cacioppo, J.T., Mao, H. & Glaser, R. (1993). 'Negative behavior during marital conflict is associated with immunological down-regulation'. *Psychosomatic Medicine*, 55, 395-409.
8 Cummings, E.M. & Davies, P.T. (2002). 'Effects of marital conflict on children: Recent advances and emerging themes in process-oriented research'. *Journal of Child Psychology and Psychiatry*, 43, 31-63.
9 Fonagy, P., Gergely, G. & Jurist, E.L. (red.). (2004). *Affect Regulation, Mentalization and the Development of the Self*. Londen: Karnac Books.
10 Theodoridou, A., Rowe, A.C., Penton-Voak, I.S. & Rogers, P.J. (2009). 'Oxytocin increases perceived facial trustworthiness and attractiveness'. *Hormones and Behavior*, 56, 128-132.
11 Knausgård, K.O. (2012). *Vader*, 34. Amsterdam: De Geus.
12 Kabat-Zinn, J. (2015). *Waar je ook gaat, daar ben je. Meditatie in het dagelijks leven*. Utrecht: Kosmos Uitgevers.

6 Samen ouder zijn in goede en slechte tijden

1 Nhat Hanh, T. (1990). 'Relationships – Community as family, parenting as a dharma door, and the five awarenesses'. *The Mindfulness Bell*, nr. 3, herfst.
2 Majdandžić, M., de Vente, W., Feinberg, M.E., Aktar, E. & Bögels, S.M. (2012). 'Bidirectional associations between coparenting relations and family member anxiety: A review and conceptual model'. *Clinical Child and Family Psychology Review*, 15, 28-42.
3 Bögels, S.M., Lehtonen, A. & Restifo, K. (2010). 'Mindful parenting in mental health care'. *Mindfulness*, 1, 107-120.
4 Cummings, E.M., Simpson, K.S. & Wilson, A. (1993). 'Children's responses to interadult anger as a function of information about resolution'. *Developmental Psychology*, 29, 978.
Cummings, E.M., Ballard, M., El-Sheikh, M. & Lake, M. (1991). 'Resolution and children's responses to interadult anger'. *Developmental Psychology*, 27, 462.

Goeke-Morey, M.C., Cummings, E.M. & Papp, L.M. (2007). 'Children and marital conflict resolution: Implications for emotional security and adjustment'. *Journal of Family Psychology*, 21, 744.

McCoy, K., Cummings, E.M. & Davies, P.T. (2009). 'Constructive and destructive marital conflict, emotional security and children's prosocial behavior'. *Journal of Child Psychology and Psychiatry*, 50, 270-279.

5 Diamond, G.S. & Liddle, H.A. (1999). 'Transforming negative parent-adolescent interactions: From impasse to dialogue'. *Family Process*, 38, 5-26.

6 Bögels, S.M. & Perotti, E.C. (2011). 'Do fathers know best? A formal model of the paternal influence on childhood social anxiety'. *Journal of Child and Family Studies*, 20, 171-182.

Möller, E.L., Majdandžić, M., de Vente, W. & Bögels, S.M. (2013). 'The evolutionary basis of sex differences in parenting and its relationship with child anxiety in western societies'. *Journal of Experimental Psychopathology*, 88-117.

7 Zie noot 3.

8 Bögels, S.M., Hellemans, J., van Deursen, S., Römer, M. & van der Meulen, R. (2014). 'Mindful parenting in mental health care: Effects on parental and child psychopathology, parental stress, parenting, coparenting, and marital functioning'. *Mindfulness*, 5, 536-551.

9 Karreman, A., Van Tuijl, C., Van Aken, M.A. & Deković, M. (2008). 'Parenting, coparenting, and effortful control in preschoolers'. *Journal of Family Psychology*, 22, 30.

10 Bardacke, N. (2012). *Mindful Birthing: Training the Mind, Body and Heart for Childbirth and Beyond*. Amsterdam: HarperCollins.

11 Bardacke, N., p.c., Amsterdam, dec. 2012.

7 Grenzen stellen. Waar ik ophoud en jij begint

1 Kabat-Zinn, M. & Kabat-Zinn, J. (1998; 2014). *Everyday Blessings: The Inner Work of Mindful Parenting*. Londen: Hachette UK.

2 Lengua, L.J., Honorado, E. & Bush, N.R. (2007). 'Contextual risk and parenting as predictors of effortful control and social competence in preschool children'. *Journal of Applied Developmental Psychology*, 28, 40-55.
3 Mattanah, J.F. (2001). 'Parental psychological autonomy and children's academic competence and behavioral adjustment in late childhood: More than just limit-setting and warmth'. *Merrill-Palmer Quarterly*, 47, 355-376.
Schroeder, V.M. & Kelley, M.L. (2010). 'Family environment and parent-child relationships as related to executive functioning in children'. *Early Child Development and Care*, 180, 1285-1298.
4 Denham, S.A., Workman, E., Cole, P.M., Weissbrod, C., Kendziora, K.T. & Zahn-Waxler, C. (2000). 'Prediction of externalizing behavior problems from early to middle childhood: The role of parental socialization and emotion expression'. *Development and Psychopathology*, 12, 23-45.
5 MacKinnon, D.W. (1962). 'The nature and nurture of creative talent'. *American Psychologist*, 17, 484.
6 Ginott, H.G. (1959). 'The theory and practice of "therapeutic intervention" in child treatment'. *Journal of Consulting Psychology*, 23, 160-166.
7 Koestner, R., Ryan, R.M., Bernieri, F. & Holt, K. (1984). 'Setting limits on children's behavior: The differential effects of controlling vs. informational styles on intrinsic motivation and creativity'. *Journal of Personality*, 52, 233-248.
8 Levy, T.M. & Orlans, M. (2014). *Attachment, Trauma and Healing: Understanding and Treating Attachment Disorders in Children, Families and Adults*. Londen en Philadelphia: Jessica Kingsly Publishers.
9 Bögels, S.M. & Perotti, E.C. (2011). 'Do fathers know best? A formal model of the paternal influence on childhood social anxiety'. *Journal of Child and Family Studies*, 20, 171-182.

8 Schuld en schaamte. Vergeven, verbinden, verontschuldigen

1 Pollan, M. (2009). *In Defense of Food: An Eater's Manifesto*. Londen: Penguin Books.
2 Brown, B. 'Listening to shame' (TED-talk), [Video file]. Verkregen van: https://www.youtube.com/watch?v=psN1DORYYv0.
3 Kim, W.O., Kang, H.S., Cho, K.J., Song, Y.A. & Ji, E.S. (2008). 'Comparative study on parenting stress, guilt, parenting attitude, and parenting satisfaction between mothers with a hemophilic child and a healthy child'. *Korean Journal of Women Health Nursing*, 14, 270-277.
4 McDonald, G., O'Brien, L. & Jackson, D. (2007). 'Guilt and shame: Experiences of parents of self-harming adolescents'. *Journal of Child Health Care*, 11, 298-310.
5 Meirsschaut, M., Roeyers, H. & Warreyn, P. (2010). 'Parenting in families with a child with autism spectrum disorder and a typically developing child: Mothers' experiences and cognitions'. *Research in Autism Spectrum Disorders*, 4, 661-669.
6 McBride, B.A., Schoppe, S.J. & Rane, T.R. (2002). 'Child characteristics, parenting stress, and parental involvement: Fathers versus mothers'. *Journal of Marriage and Family*, 64, 998-1011.
7 Schaeffer, C.E. (1990). 'Night waking and temperament in early childhood'. *Psychological Reports*, 67, 192-194.
8 Appel, J. (2012). *Wrong Time, Wrong Place*. IDFA openingsdocumentaire 2012.
9 Harvey, O.J., Gore, E.J., Frank, H. & Batres, A.R. (1997). 'Relationship of shame and guilt to gender and parenting practices'. *Personality and Individual Differences*, 23, 135-146.
10 Rotkirch, A. & Janhunen, K. (2010). 'Maternal guilt'. *Evolutionary Psychology*, 8, 90-106.
11 Tangney, J.P., Miller, R.S., Flicker, L. & Barlow, D.B. (1996). 'Are shame, guilt, and embarrassment distinct emotions?' *Journal of Personality and Social Psychology*, 70, 1256-1269.
12 Sanders, A. & Diekstra, R. (2016). *Leven en dood van een dertienjarige. 'Het is net alsof ik hier niet hoor...'*. Amsterdam: Prometheus.

13 Aron, A., Aron, E.N., Tudor, M. & Nelson, G. (1991). 'Close relationships as including other in the self'. *Journal of Personality and Social Psychology*, 60, 241-253.

14 de Vente, W., Majdandžić, M., Colonnesi, C. & Bögels, S.M. (2011). 'Intergenerational transmission of social anxiety: the role of paternal and maternal fear of negative child evaluation and parenting behaviour'. *Journal of Experimental Psychopathology*, 2, 509-530.

15 Knausgård, K.O. (2015). *Vrouw. Mijn strijd 6*, 888. Amsterdam: De Geus.

16 Lickel, B., Schmader, T., Curtis, M., Scarnier, M. & Ames, D.R. (2005). 'Vicarious shame and guilt'. *Group Processes and Intergroup Relations*, 8, 145-157.

17 Tangney, J.P., Wagner, P., Fletcher, C. & Gramzow, R. (1992). 'Shamed into anger? The relation of shame and guilt to anger and self-reported aggression'. *Journal of Personality & Social Psychology*, 62, 669-675.

18 Scarnier, M., Schmader, T. & Lickel, B. (2009). 'Parental shame and guilt: Distinguishing emotional responses to a child's wrongdoings'. *Personal Relationships*, 16, 205-220.

9 Liefde maakt blind. Ontkenning en acceptatie

1 Shapiro, F.R. (2014). 'Who wrote the serenity prayer?', *The Chronicle Review*, 28 april.

2 Rogers, C.R. (1995). *A Way of Being*. New York: Mariner Books.

3 Murray, L., Hentges, F., Hill, J., Karpf, J., Mistry, B., Kreutz, M., Woodall, P., Moss, T. & Goodacre, T. (2008). 'The effect of cleft lip and palate, and the timing of lip repair on mother-infant interactions and infant development'. *Journal of Child Psychology and Psychiatry*, 49, 115-123.

4 Cheron, D.M., Ehrenreich, J.T. & Pincus, D.B. (2009). 'Assessment of parental experiential avoidance in a clinical sample of children with anxiety disorders'. *Child Psychiatry and Human Development*, 40, 383-403.

5 Kübler-Ross, E. & Kessler, D. (2014). *On Grief and Grieving: Finding*

the Meaning of Grief Through the Five Stages of Loss. New York: Simon & Schuster.

10 Schema's. Herbeleven van je eigen kindertijd

1 Bögels, S.M. & Restifo, K. (2013). *Mindful ouderschap. Een praktische gids voor hulpverleners.* Houten: Lannoo Campus.
2 Young, J.E., Klosko, J.S. & Weishaar, M.E. (2005). *Schemagerichte therapie. Handboek voor therapeuten.* Houten: Bohn Stafleu van Loghum. Young, J.E. & Klosko, J.S. (1999). *Leven in je leven: Leer de valkuilen in je leven herkennen.* Lisse: Swets & Zeitlinger Pearson.
3 Zie noot 1.
4 Nhat Hanh, T. (2001). *Anger: Wisdom for Cooling the Flame.* New York: Riverhead Books.

11 Een leven lang ouder zijn

1 Bögels, S., Hoogstad, B., van Dun, L., de Schutter, S. & Restifo, K. (2008). 'Mindfulness training for adolescents with externalizing disorders and their parents'. *Behavioural and Cognitive Psychotherapy,* 36, 193-209.
2 Potharst, E., Aktar, E., Rexwinkel, M., Rigterink, M. & Bögels, S.M. (2017). 'Mindful with your baby: Feasibility, acceptability, and effects of a mindful parenting group training for mothers and their babies in a mental health context'. *Mindfulness* (ter perse). DOI 10.1007/s12671-017-0699-9.
3 Veringa, I.K., de Bruin, E.I., Bardacke, N., Duncan, L.G., van Steensel, F.J., Dirksen, C.D. & Bögels, S.M. (2016). '"I've changed my mind", mindfulness-based childbirth and parenting (MBCP) for pregnant women with a high level of fear of childbirth and their partners: Study protocol of the quasi-experimental controlled trial'. BMC *psychiatry,* 16, 377.
4 Nhat Hanh, T. (2010). *Het hart van Boeddha's leer. Van pijn en verdriet naar vreugde, inzicht en zelfkennis.* Haarlem: Altamira Becht.